你不知道的
财经真相

美国退出QE之后的世界

梁海明◎著

西南财经大学出版社
Southwestern University of Finance & Economics Press

谨以此书送给爱子从乐、熙乐

推荐序

我们与美国联邦储备局的量化宽松政策，就仿佛即将步入七年之痒的情人，日日相看两生厌，但一旦真的说到分手，就陷入前途未卜的恐慌。

自2008年全球金融危机全面爆发后，量化宽松政策就深深地渗入了全世界的每一个角落，几乎改变了每一个国家、每一个企业、每一个人的运行轨迹。我们被告知，在地球的另一端，量化宽松政策将欧美金融体系从濒死的边缘拉了回来。

然而，在我们身边，在亚洲乃至各个新兴市场，危机似乎只在新闻中露了个脸，接下来的几年中，身边充斥的是吃了兴奋剂一般的金融机构、资产泡沫的疯狂堆积以及各地股市狂欢与恐慌相交替的无序震荡。

对于美国联邦储备局，我们曾经以为他英明神武、无所不晓，然而越是相交日久，就越发现他其实常常方寸大乱、手足无措。量化宽松政策的主操盘手、前美国联邦储备局主席伯南克后来承认，在危机最严重时自己曾对是否降息感到十分矛盾，而随后施行宽松政策又欲罢不能。美国联邦储备局为此背上了高达4万亿美元的沉重负债。伯南克更感叹，在他有生之年（他目前不过才60岁出头）恐怕都难以见到利率恢复常态。

《华尔街日报》对伯南克任上的总结则是，尽管他用了"非比寻常"的政策，但美国的经济复苏依然"疲弱得令人沮丧"。同时，美国政府和美国联邦储备局更一直努力地摆脱其政策以邻为壑，损害了其他国家经济的指责，反复强调量化宽松仅仅是针对美国自身。

在大多数人的眼中，宏观经济学是一门科学，然而量化宽松政策的实施却推翻了过往我们相信的大部分"真理"。人们越来越发现，美国联邦储备局和美国政府对于经济现象的各种解释，越来越偏离常识和难以理解。当真实的效果及指标与其此前预测不符时，他们又不断地创造出新的"理论"来给予解释。

许多人不由得开始担心，越来越晦涩和抽象的理论是否离真相越来越远？幸运的是，我们依然有能力重温并审视曾发生过的一切，在那些看似主流却充满问号的理论之外寻找真相。

海明这本书，从人人都能懂的常识入手，把握真实发生的重大事件和时间节点，既不大量罗列经济学理论，也不堆砌数据，而是诚实地呈现许多被"主流"声音刻意回避的事实，让读者清楚地看到量化宽松政策这几年来改变全球各地经济和社会的来龙去脉，并且了解到在美国、欧洲、日本等主要发达国家和地区，情况正在如何演变得更为糟糕，他也没有忘记告诉每个人该如何避免投资失利以及如何抓住隐藏的机会。

作为一个女性财经工作者，我常常天然地倾向于同情和理解在充满未知的情况下所制定的不够完美的政策。但我的丈夫海明则刚好相反，他永远清晰，永远尖锐，绝不同情，绝不妥协，直面真相并作出他的批评。作为妻子，我常常忍不住与他辩论；但作为读者，我不得不承认，我绝对喜欢这样"不和稀泥"的观点和态度。

值得一提的是，作为一个负责任的父亲，海明不管工作如何繁重，每晚都要挤出时间陪伴儿子，待孩子安然入睡后，才在儿子的枕边开始他的写作。为了这本书的诞生，他连续几个月工作到清晨。不知道这样别致的写作习惯，是否能解释他书中那尖锐凌厉的批评与娓娓道来的枕边故事风格的奇妙统一。无论在多么疲劳困倦的时候，我都能从他的文章中得到轻松而趣味十足的阅读体验。

最好的推荐，或许是请你开始阅读。作为本书第一个而且是读得最仔细的读者，我保证其中的每一页都不会让你后悔所付出的时间。

彭琳（新浪财经香港站站长）

自　序

很多人认为经济学太数学化，太艰涩难懂，加上部分经济学家对财经事件的是非多含糊其辞，令经济学这门学科成为了无数人的挖苦对象，其中甚至包括来自国家元首的挖苦。

2008年全球金融危机全面爆发之后，英国女王伊丽莎白到访伦敦经济学院，曾开口质问经济学家们：为何没有一个人能预测金融危机的爆发？

美国前总统杜鲁门（Harry S. Truman）也曾因为经济学家总是向他解释一方面如此，另一方面这般，让他难以判断经济真相，因此想找一个"独臂经济学家"（one handed economist）。

连国家元首都对经济学深感疑惑，多数民众面对经济学的艰涩术语、枯燥数字，更是不免却步。

2008年全面爆发的全球金融危机严重冲击了全球金融市场乃至全球经济，美国联邦储备局推出量化宽松政策应对，如今又结束了量化宽松政策，导致全球经济动荡不安，"量化宽松政策""金融危机""经济衰退""通货膨胀""通货紧缩""负利率""加息"等财经术语每天都在媒体上出现，充斥着大家的视野。

这场危机让全球民众一改对经济学的冷漠，开始关注未来全球经济局势的变化，面对美国结束量化宽松政策可能带来的未知冲击，更是充满疑虑，甚至感到恐惧。

然而，犹如迷雾一般的财经领域，是国家与国家之间、央行与央行之间、大财团与大庄家之间互相角力的世界。尔虞我诈之中故意散发出的各类消息从各方涌来，普通民众既看不穿、摸不透，也无所适从，多数人往往只能在其中载浮载沉、随波逐流。民众比以往任何时候都更渴望了解财经世界的真相。

对于多年来以观察、分析财经领域为业的笔者来说，写作这本书，就是想告诉大家国际财经界的种种内幕真相。

在本书中，笔者尝试将十数年在财经领域浸淫的经历与心得分享给大家，并结合香港与国际金融市场完全接轨的优势，通过各种既有趣味又有深意的故事，带领大家开启一趟信息量丰富的财经真相之旅。

在本书的"美国篇"中，你将读懂美国联邦储备局不得不结束量化宽松政策的难言之隐、美国联邦储备局实际控制者究竟是何人的"不能说的秘密"，并在此基础上判断美国联邦储备局究竟何时才会真正加息，以及了解美国最厉害的武器不是军事武器的真正原因。

在"欧洲篇""日本篇"中，我们将揭开在美国联邦储备局已然放下量化宽松政策"屠刀"之后，已经耗尽低利率"弹药"的欧洲央行、日本央行，为何却要拿起它们的货币"刺刀"的奥秘。

在"中国篇"和"读者篇"中，我们将一起去思考，美国联邦储备局结束量化宽松政策之后，习惯于兴风作浪的国际投机者还将通过什么方式阻击世界各国尤其是中国的股市、楼市，这会给大家带来哪些冲击，大家在危机当中还有无机遇可寻。

希望大家通过本书了解财经真相，在看穿美国联邦储备局、欧洲、日本以及国际投机者的用心、布局与准备行动的方式、步骤后，对明天的全球经济和金融市场不再疑虑，甚至领会到如何利用多方信息，使自己也成为一个预测未来的分析师，为自己未来投资股市、房产、贵金属等投资品做好知识储备。

笔者更希望这本书能促使读者站在一个与众不同的角度上，重新审视曾发生过的危机和困境，准备好迎接更加惊心动魄的明天。

这正如世界财经管理趋势大师莱斯特·瑟罗（Lester C. Thurow）所言：当我们埋首一角，汲汲于清理过去的包袱之际，不要忽略世界正在如何变形，如何离我们远去；当我们自行其是，却慌乱于前所未见的难题和变动之际，不要忘记别人已经探索出的规则与答案。

本书得以顺利完成、出版，首先要感谢亨通堂出品人、总策划陆新之先生给予我的启发以及帮助。同时，也要感谢中央电视台财经频道节目部余敬中副主任对本书内容、书名和封面提出的宝贵意见。感谢中国光大集团董事兼副总经理、香港中国金融协会主席陈爽先生，盘古智库理事长易鹏先生，香港《经济日报》副总编辑、总主笔曾仲荣先生，交银国际研究部董事总经理、首席策略师洪灝先生，美国联邦储备局达拉斯联邦储备银行高级经济学家兼政策顾问王健博士在我写书期间给予的启示、帮助，并致以崇高的敬意。

此外，我最需要感谢的是我的太太——新浪财经香港站站长彭琳女士。彭琳女士学养深厚、文采斐然，并长年在财经领域浸淫，其专栏文章吸引了数以百万计的读者关注与支持。她能够为本书写序，我深感荣幸。同时，她在我写书期间，尽心尽力操劳家务、照顾孩子，免除了我的后顾之忧。在她毫无保留的支持和体谅之下，我才能安心投入写作，顺利完成此书。在此，对太太致以最深切的感激与爱意。

梁海明

2014年9月于香港

目 录

目 录

第一章

美国篇：美国退出QE政策，进退两难

美国联邦储备局（负责履行美国的中央银行的职责，以下简称美联储）结束量化宽松（Quantitative Easing，简称QE）政策，不完全是为了美国的通货膨胀和就业着想，其背后还有鲜为人知的内幕。这个内幕到底是什么呢？

对于加息的时间，美联储其实是能拖延就尽量拖延，即使最后实在拖不了，也会采用迂回的加息策略。这又是为什么呢？

你真的了解美联储吗？美联储其实不是美国的政府部门，只是一家私人机构。更重要的是，美联储真正的服务对象不是美国政府、美国人民，而是商业银行和大财团。这是真的吗？

美国最厉害的力量不是军事武器，不是经济力量，而是金融力量，美国的金融力量比军事武器更能摧毁一个国家。金融武器到底厉害在哪里呢？

美国贵为"世界老大"，却经常拍中国的马屁，甚至说"中国才是世界老大"。美国这样做的背后到底有何玄机呢？

以邻为壑的量化宽松政策

所谓量化宽松政策，就是"点石成金"的现代版本，其实美联储甚至连"石头"都不用，直接把钞票大量印出来就完事。

美国是世界上第一大经济体，该国的金融、经济和政治等政策不但可影响本国，也容易影响到世界其他国家。大家都知道，美国所推行的政策经常以邻为壑，各国虽然怨声载道，但也常常无可奈何。美国过去几年来对中国乃至全球冲击最大的政策，当然要数美联储实施的QE政策。

究竟什么是量化宽松政策？该政策有很多解释版本，但最主要、大家也比较接受的版本是：量化宽松政策是一种货币政策，由中央银行通过公开市场操作来提高货币供应；具体操作方法是中央银行通过公开市场操作购入证券等，使银行在中央银行开设的结算户口内的资金增加，为银行体系注入新的流动性。

这个解释有些复杂，也用了比较多的财经术语，读者可能看不大明白。不过没有关系，大家应该都知道"点石成金"的故事：晋朝时，南昌有个名叫许逊的县令，喜欢修炼神仙之术，且仙术高深。有一年，南昌饥荒，很多民众受灾，同情灾民的许逊便找了几颗石头，用自己所学的法术将石头变成金子以帮助灾民。

这个"点石成金"的办法就是现代版本的量化宽松政策，而且，美联储连原材料"石头"都不用，直接把钞票印出来就完事。而所谓的"量化"，其实就是增加印钞票的数量；"宽松"就是放松银根，减轻银行的资金压力。

美联储要这么多"金"做什么呢？原因很简单，2008年全球金融危机全面爆发，不但美国银行业出现危机，美国经济也受到重创，大批民众失业。美联储有责任扶助经济和增加就业，但美联储不可能收购所有出现危机的金融机构，也不能把所有失业的人都请到美联储去工作。因此，最简单也是最可取的办法就是大量印钞票，之后购买债券、金融资产，通过这种方式向银行注入资金。银行拿到美联储的钞票后危机消除，也就可以借钱给企业了，以此来刺激经济，促进就业。

美联储在2008—2012年间，共实施了三次量化宽松政策。首轮量化宽松政策对美国经济而言，就像武林高手给命在旦夕的病人输入了大量真气那样，效果很明显，病人的命终于可以保住了。对各国而言，量化宽松政策也确实稳住了全球金融市场，使其免于崩溃。

但是，美国其后实施的两轮量化宽松政策，就让外界有些看不大懂了。按说病人的命既然已经保住了，就不用继续输入真气了，而是要慢慢等病人自我恢复。如果还是源源不断地输入真气的话，效果就不会那么明显了。毕竟，病人刚刚捡回了一条命，身体各器官还非常虚弱，吸收不了这么多真气。

一方面，美国大量印钞票会导致钱越来越多，美国本身是用不掉这么多钱的，那么，这些钱就会大量"漏"到别的国家去，炒高这些国家的房价、物价和股价，导致这些国家的经济出现泡沫，带来表面上的繁华。这些国家繁华起来之后，需求就会变多，意味着向美国进口的商品就会增多。

另一方面，美国印钞票的结果就是美元数量增加了，数量一多，美元就会贬值，别国的货币则会升值，美国的商品就会变得比较便宜，从而增强国际竞争力，以促进出口。

美国的量化宽松政策长期持续，给包括中国在内的世界各国带来了大小不一的冲击。世界上多个国家都在要求美联储尽快停止量化宽松政策。到了2013年，各国给美国的压力就更大了。在各方面的压力和左右考量之下，美联储终于在2014年年初开始逐步退出量化宽松政策。

美国为什么要退出QE政策？

> 美联储退出QE政策不但对美国经济有负面影响，对全球各国的冲击更是巨大。既然美联储退出QE政策"损人"也不"利己"，那么，美联储为何要急着结束这个政策呢？
>
> 真正的原因是美联储背后的势力要美联储结束QE。这股势力不是美国政府。你认为会是谁呢？

美国最终在2014年底退出QE政策，不少专家、学者认为这是因为美国经济转好、失业率已下降，不再需要美联储实施QE政策以狂印钞票的方式为经济"保暖"了。

在这里我要告诉读者，这种论调是非常错误的，简直是在误导大家，就连美国人自己都不相信。例如，美国欧洲太平洋资本公司副总裁、高级经济学家潘多（Michael Pento）就指出，QE政策退场将导致美国楼市、股市资产价格崩溃以及严重的经济衰退。

美国投资公司林赛集团（The Lindsey Group）的首席市场分析师布科

瓦（Peter Boockvar）更指出："美联储过去（实施QE政策）自然是帮助了股票市场振作反弹，而当它们收手撤出的时候，也将同样让股市指数骤跌。"他还预测美国股市由此下跌的幅度将高达15%～20%。

退出QE政策损人不利己

美联储退出QE政策不但对美国经济有负面影响，对全球各国的冲击更是巨大。为什么这样说呢？因为美国是一个完全开放的市场，当美联储推行QE政策时，美元被大量印刷出来，随即流向世界各地寻找投资对象，把许多国家、地区的股市、楼市及货币汇率等资产价格炒高，形成一个又一个泡沫。

当美国退出QE政策，结束这个创造货币的游戏后，许多资金会迅速流回美国。资产价格已被炒高的各个国家、地区则由于资金流出，资产价格出现骤跌，甚至泡沫破碎。更严重的情况会出现在一些经济增长过度依赖外资和经常账出现逆差的新兴国家，其经济还将遭受毁坏性冲击，后果难以预料。

新兴国家的经济受到重创，冲击波当然也会影响同处"地球村"的美国。这就像香港富豪区跑马地坟场的那副著名对联所说的："今夕吾躯归故土，他朝君体也相同。"

既然美联储退出QE政策既损人又不利己，那么，美联储为何急着要结束这个政策呢？

退出QE政策有苦衷，不退不行

市场上有一个流传比较广的说法，称一手创造QE政策的前美联储主席伯南克在离任前启动QE政策退出计划，是为了保障政策实施有始有终，自己也可以功成身退。

这里解释一下QE政策的历史。2008年，由美国开始的金融海啸席卷全球，引发全球金融海啸，美国的银行乃至世界诸多银行几近破产，人人恐慌，部分银行更遭到挤兑。

2009年3月，时任美联储主席的伯南克，在美国当代经济学家、诺贝尔经济学奖得主弗里德曼（Milton Friedman）的"货币供应量变化会影响实质经济产出"的理论影响下，决定通过QE政策大量印钞票来迅速制造与投递流动性，以稳定市场情绪和秩序。这为美国乃至全球摆脱百年一遇的金融海啸起到了定海神针的奇效，可以说，QE政策救了美国，也间接地救了全世界。

2014年初，伯南克在离任美联储主席之际，表现出强烈的将货币政策逐步恢复到正常轨道的意愿。他希望QE政策因他而起，也由他来启动退出，以此洗脱"直升机伯"（Helicopter Ben，从直升机上撒钱，意指其不计后果地为美国经济注入了大量现金）的骂名，并获得"大使本"（Ambassador Ben）的历史清名，成为拯救全球经济的关键角色。

平心而论，上述关于伯南克结束QE政策的原因的解释，并没有错，但这只是表面上的原因，而且是经过了美化的原因。读者相信的话，就上当受骗了。

在这里，我给读者说一些大家可能不知道的关于伯南克及其继任者耶伦结束QE政策的玄机。

玄机之一，结束QE政策是为保住美元地位。美元作为国际货币，汇率需要长期坚挺。手中所持的美元及美元资产不会贬值，有利可图，各国民众才会放心持有。但是，自美联储实施QE政策以来，美国大印美元导致美元供应增多，因此相对其他国家的货币，美元汇率近六年来一直处于贬值的状态。

如果美联储继续实施QE政策，美元长时间贬值，各国民众将越来越不愿持有美元及美元资产。长此以往，美元有可能失去国际货币的地位，也将随之失去数量庞大的铸币税。

因此，美联储只有尽快退出QE政策，降低美元供给量，让美元重新恢复价值或至少不再继续贬值，提高美元资产吸引力，国际资金才能重新流入美国，保住美元作为世界货币的地位。

这里要提醒读者注意，对美国而言，保住美元的地位非常重要。美联储的QE政策只是成功帮助美国渡过一半危机，就是将个人和企业债务转移到政府和美联储资产负债表上，后一半危机则是美联储、美国政府的资产负债表必须缩减债务。

而对于这鲜为人知的后一半危机，要成功解决的前提是美元必须继续充当全球结算和储备货币；相反，如果美国的国债没人要或少有人要，美国会迅速被债务危机淹没，面临远比欧债问题严重得多的美债危机。一旦如此，美国的噩梦即将开始。

玄机之二，结束QE政策是为防止下一次危机发生。美联储的QE政策为拯救金融业保了底，但却没有给实体经济保底。QE政策大印钞票所产生的流动性未能抵达实体经济，而是基本上在金融市场内打转。这导致契约松散的高风险垃圾债券的发行增加，股票市场在经济增长放缓的同时却连创新高；QE政策还将"祸水"引向了世界各地，尤其是吹大了新兴国家的资产价格泡沫。

对此，以准确预测美国次贷危机而闻名的"末日博士"、纽约大学教授鲁比尼（Nouriel Roubini）提出了警告，如果美联储继续推行QE政策，未来两年有可能形成信贷和资产、权益泡沫。如果不趁泡沫还不是很大时停止QE政策，加上垃圾债券发行过快，美国将很可能重蹈2008年全球金融危机的覆辙。及早停止QE政策，虽然同样会对新兴市场造成冲击，但伤害显然比全球金融危机要小得多。

玄机之三，结束QE政策是为挽救美联储的声誉。QE政策是世界货币政策历史中的异类，也是极富创意的超常规的货币政策。它会否解决了一个问题，却制造出另外一个更大的问题？相信美联储自己都没有答案。

在未知的情况下，如果继续推行QE政策，美联储即使"夜行人吹哨子——自己给自己壮胆"，也起不了作用，反而越走下去越害怕，还不如在情况看起来还可控的时候停止QE政策，避免像美国电影《星际迷航》（Star Trek）中的情节那样，"进入未知的领域，面对未知的后果"。

而且，推行QE政策的主要风险之一是令美联储的政治独立性遭受质疑。美联储成立一百多年以来，一直尽量让外界相信美联储并不会因政治影响而改变其政策的独立性，以此标榜美国政府不会干扰美联储的运作和决策。

但这次美联储的QE政策是购买美国政府的国债，这等于借钱给政府，即所谓的债务货币化。这无疑令外界怀疑，美联储是在政界的威胁或诱导下购买国债的，或者二者之间有私下交易。这给美联储的独立性和声誉都带来极大的负面影响。

在大多数情况下，如果货币政策受到政治干预，社会的长远利益就会受损。因此国际社会有个共识，那就是行政机构与中央银行之间的关系越透明越好，中央银行越独立越不受政治干扰，对社会发展越有利。

更重要的是，很多人认为，美联储只有在美国经济受到威胁和地位受到威胁的时候才会采取行动，但其实这种观点是错误的，美联储只有在它们背后的"父母"——商业银行、大财团受到威胁的时候，才会采取行动。美联储的QE政策现在已经帮助美国的商业银行、大财团渡过难关，自然可以结束任务了。

因此，在上述多个因素的考虑下，美联储已经难以坚持等经济真正好转、失业率改善后才退出QE政策的原则，只好如世界银行所说的那样："一切按计划进行原则。"（Everything goes according to plan principle.）简单而言，就是美联储的所谓"原则"随时会根据实际情况的改变而改变。

为什么美国想加息很难？

> 虽然美联储每次例会都要提及加息准备，但实际上那只是美联储对市场进行的加息预期管理，以免投资者疯狂投资，吹大资产泡沫。
>
> 对于加息，美联储未来会尽量拖延，能不加就不加，即使要加息，也是采用迂回的加息之路。这当中有何奥妙呢？

在不少人看来，美联储结束QE政策之后，很快就会以加息的方式来收紧货币政策，这让很多人感到惶恐。

为什么会怕？在这里我可以告诉读者的是，美联储加息确实让人感到害怕。对美国来说，加息将令资金成本上升、企业利润减少、房屋贷款成本增加、可支配收入减少……对于国内生产总值（Gross Domestic Product，简称GDP）中70%依靠消费来拉动的美国而言，当收入减少且成本增加时，消费继续拉动经济增长的空间将大受限制。新兴国家对美联储加息也会感到害怕，因为美联储加息会引发资金逃离新兴国家，回流美国。这不但会造成新兴国家的楼市、股市等资产泡沫破裂，引发金融市场动荡，而且会导致不少新兴国家的货币大幅贬值，引发严重通货膨胀，给经济以沉重打击。

这样的场景，想想都觉得心惊肉跳吧？但要我说，大家不要自己吓自己，美国离加息还远着呢。

无须自己吓自己

为什么我说美国离加息还远着呢？首先，美联储结束QE政策，停止购买债券，不等于收紧货币政策。因为债券到期后，美联储还会把本金再投资。目前美联储超过4.3万亿美元的资产负债表便会滚存下去，直到美联储停止再投资甚至出售资产，才算真正的收紧货币政策。

而且，美联储减少或者停止购买债券，极有可能推高长期国债的收益率，由于十年期国债收益率通常被作为银行贷款的基准利率，这将变相引导市场利率上升，背离了美联储长期维持低息的承诺。

对此，可能读者会问，这个承诺的时间是多久？美联储主席耶伦给出的答案是五至八年。也就是说至少在五年之内，美联储还是会继续投资，不会为资产负债表"减肥"。

巨额的美债也拖了美联储货币政策的后腿。美国当前有高达17万亿美元的未偿还债务，如果美联储重启加息周期，美国未来十年的还款会由每个财年的2270亿美元，翻一倍至超过5000亿美元。这无疑加重了美国的债务负担，令市场忧虑美债的长远前景，警惕会否爆发"美债危机"。

因此，除非美联储能找到解决方案，否则收紧货币政策暂时不可行。而且，美联储实际上也不急于加息，这当中有两大原因。

其一，两三年内通货膨胀暂时不会给美国带来威胁。一方面，短期内全球整体通货膨胀难以构成威胁。美国哈佛大学经济学教授、国际货币基金组织（International Monetary Fund，简称IMF）前首席经济学家罗格夫（Kenneth Rogoff）与美国哈佛大学教授莱因哈（Carmen Reinhart）共同研究发现，危机在发达国家的平均持续期为七年，在新兴国家则是十年。2007年全球金融危机显现，则意味着2014—2017年是发达国家走出危机和新兴国家仍在危机中的错配时期。

在这个时期内，发达国家的经济开始复苏，新兴国家的经济却仍陷困境。由于新兴国家对全球经济增长的贡献已强于发达国家，这会导致全球的经济增长水平较低，增长速度普遍弱于预期，全球经济复苏将非常乏力。

在此背景之下，全球物价难有普遍上行的动力，全球性通货膨胀的实质威胁是不存在的。美国潜在通货膨胀压力即使存在，但目前来看，直接变成经济复苏拦路虎的可能性并不大。

另一方面，美国目前的情况其实也乐见"可控制的通货膨胀"出现，即使通货膨胀率每年维持在2%左右，也是一个可以接受的历史低水平，而且，适度的通货膨胀对经济的发展往往是一件好事。

在这点上，2008年美国总统大选参与者、前美国国会货币政策分委会主席罗恩·保罗（Ron Paul）曾经透露了个中玄机。他在著作《黄金、和平与繁荣》（*Gold、Peace and Prosperity*）中表示，美国通货膨胀的80%来自于援助大型企业与大型商业银行，以刺激经济，无论其动机如何，美国热衷通货膨胀，因为利益集团可在通货膨胀下获利，并暗地操作财富再分配。

由于通货膨胀往往可控，加上大型商业银行在适度的通货膨胀中可获利，所以对主要由各商业银行出资组成的美联储来说，加息没有很强的紧迫性。

其二，就业问题仍困扰美国。美国的就业形势多年来都非常严峻。美国经济学家、2008年诺贝尔经济学奖得主保罗·克鲁格曼（Paul Krugman）就警告说，美国正形成一个长期失业的下层阶级,美国有1/6的劳工不是找不到工作，就是只能找到非全职的工作，"他们如同被抛弃了"。

克鲁曼并没有夸大其词，根据美国政府统计的"失业人口"加上"适龄但退出了劳动市场的人数"，2008年全球金融危机全面爆发前这个数字是9000万左右，但到了2014年这个数字却超过了1亿，这意味5年间没有工作的人口增加了约1000万。这是第二次世界大战以来，美国历次经济衰退中就业岗位损失数量最多的一次。

此外，美国如今仍有约5000万人生活于贫穷线以下，继1965年以来贫穷人口比率连续三年达至15%或以上。

因此，尽管美国失业率下降速度较快，但许多长期失业者仍面临巨大的就业困难。基于失业率应为3%～4%的全民就业状态，只有当美国的失业率由目前的6%左右降至5%甚至以下，美国就业好转的基础才能牢固，才足以让美联储启动加息。否则，在就业形势仍旧不好的背景下，美联储并无立即加息的必要。

此外，美国的楼市"不给力"，未能大力拉动经济增长，也拖延了美国的加息进程。

根据美国普林斯顿大学经济学教授米安恩（Atif Mian）与芝加哥大学经济学教授苏菲（Amir Sufi）的研究发现，虽然过去两年美国的房价呈现上涨趋势，但房价上涨未能刺激民众消费支出增加，所带来的正财富效应也不及2008年全球金融危机全面爆发之前的；同时，房价上涨也无法推动住宅固定投资增长。因此，房价上涨对美国经济的拉动作用已经下降，无法拉动美国经济整体增长。

对此，著名经济学家、2004年诺贝尔经济学奖得主芬恩·基德兰德（Finn E. Kydland）甚至认为："现在缺乏资本形成，投资不足，如果这样的问题得不到解决，美国经济不会快速增长。"

利率回升要十年

虽然美联储每次例会都要提及加息准备，但实际上这只是美联储采用的"加息预期管理"，目的是防止投资者误以为"人有多大胆，地有多大产"，利用低利率环境展开疯狂的投资行为，进一步吹大资产泡沫，为金融市场埋下更大的定时炸弹。

即使美国加息迟早会来，美联储未来也依然会尽量拖延，选择最迂回的加息之路。例如，美联储可以针对目前超过2.5万亿美元的商业银行储备金，透过调节逆回购利率、定期存款利率及超额储备利率等方式，吸收银行过剩的资金。

只要美联储将这些利率提高至比市场稍高的水平，那么，市场要与美联储竞争资金，就必须给予银行更高的利率，以获取资金。这个效果已经等同于加息。

即使这种方式无效，美联储也可以采用最温和的方式加息——先将基准利率由当前的0%提升至0.25%，未来再缓慢加至2%左右，避免过分影响经济复苏和就业市场。

至于美联储何时才会加息至正常中性的4%水平，鲁比尼预测是美联储结束QE政策的4年后，也就是2018年。

前美联储主席伯南克更是语出惊人。他在2014年5月中旬指出，在他有生之年，将不会见到美国的利率重返高于4%的水平。

可能有读者好奇，为什么伯南克的预测这么大胆？他没有解释原因，估计伯南克是根据历史经验判定的。在过去的35年里，美国的经济增长速度出现持续下滑趋势，为了提升经济，美联储每次加息都不会超过上次降息前的最高点，而这一回美国降息之前的最高点，是4%~4.25%。

简而言之，除非美国突然爆发恶性通货膨胀，或是神奇地迅速恢复经济水平，否则，我们不妨将鲁比尼和伯南克预测的年限平均一下，美国基准利率要恢复到4%的正常水平，至少还需要十年以上。

你真的了解QE政策的始作俑者——美联储吗？

美国《华尔街日报》2014年6月有篇报道被中国多家媒体转载，该报道披露了全球第二大经济体——中国的中央银行在货币政策决策过程中遭遇的阻力很大，国家发改委、财政部等部委时有与央行意见不符的主张，双方常常陷入激烈辩论。

那么，作为全球第一大经济体的美国，由于其货币政策更能影响全球金融市场，负责履行美国中央银行职责的美联储，其货币政策的决策过程是否会更加激烈呢？

著名的美国《新闻周刊》（Newsweek），曾在1986年刊登文章，指出美联储主席是美国影响力第二大的人，仅次于美国总统。

如今，美联储结束QE政策，不但严重影响了美国民众的生活、工作，更深化了全球金融危机，使得人心惶惶。因此，即使将"第二大"改为"最大"，甚至将"美国"改为"全球金融市场"，可能也不过分。

美联储对我们的影响越来越大。在这里，我要问个问题，你真的了解美联储吗?

可能有读者认为这个问题太过简单了,因为在众多读者的观念中,美联储就是美国的一个政府机构,相当于我国的中国人民银行,美联储的职权范围主要是对抗通货膨胀、实现充分就业。

有些读者可能从媒体上了解到,近年来,美联储几乎已经成为美国经济学博士最大的雇主。放眼望去,美联储里到处都是经济学博士。而且这二十多年来,学院派经济学家开始成为美联储主流,并逐渐掌握"帅印",无论是前任主席伯南克还是现任主席耶伦,均是如此。

更深入的读者估计还能进一步了解到,由于美联储的博士众多,因此出现了"富有书呆子气息"的用语,也就是所谓的"美联储术语"(Fedspeak)。例如,一些博士们喜欢故弄玄虚,不说"低利率",而是说"货币宽松"(Monetary Accommodation),这些术语现在已经在世界各国流行。

美联储的博士们也沉迷于一些内部的小笑话,例如在美联储内部的一间理发店有个告示牌写着:"你的增长率影响我的货币供给"。

你如果对美联储了解到这么一个程度,也算是发烧级的了。但是,在这里我要更正一些错误观念。

美联储的衣食父母是财团

美联储并不是政府机构,而是私人机构。

不要以为美联储的全称"美国联邦储备局"中有"联邦"两个字,就可以当它是政府机构。联邦快递也有"联邦"二字,它是政府机构吗？"储备"二字听起来感觉美联储的资产非常雄厚，但实际上它根本没有储备。虽然美联储系统有12个联邦储备银行散布于美国各州，这种"权力分散"看起来十分民主，但实际上美联储背后的老板是国际金融寡头和大财团。

为什么美联储履行美国的中央银行的职责，却不用"中央银行"的称谓呢？原因是在美联储创建的年代，中央银行一直声名狼藉，美国宪法也规定不准成立中央银行。既然不准成立中央银行，那么大财团就成立了"美联储"，用"联邦"的名义来蒙骗美国人。当然，不少中国读者也被蒙骗了。

为什么我要这样说呢？让我们先来了解一下美联储成立的历史。早在1907年，美国爆发金融危机，众多银行和信托公司被挤兑，引发大规模恐慌。为挽狂澜，约翰·皮尔庞特·摩根（John Pierpont Morgan，JP摩根银行的老板）在他的私人书房里，紧急召集纽约主要的银行家开会，说服他们帮助纽约的那些深陷财政泥沼的银行，满足其全部的提款要求。

为了防止历史重演，在银行业者的大力敦促下，1913年的圣诞节前夕，美国参议院以43票赞同、25票反对通过了《联邦储备法》，该法随即由时任总统伍德罗·威尔逊（Woodrow Wilson）签字生效，美联储正式成立。

从表面上看，美联储由美国政府批准成立，看起来和其他政府机构无异。但是，到底谁是美联储的股东、谁实际控制美联储，一直都是"不能说的秘密"，美联储自己也经常含糊其辞。

《美联储的秘密》（*Secrets of Federal Reserve*）一书的作者尤斯塔斯

（Eustace Mullins）经过近半个世纪的研究，得到了12个联邦储备银行的企业营业执照（Organization Certificates），上面清楚地记录了每个联储银行的股份构成。

例如，纽约联邦储备银行作为美联储系统的实际控制者，负责执行美联储影响利率的金融交易、放款给银行以及偶尔推高或压低美元汇价。其股东中商业银行占大多数，花旗银行、摩根大通银行和汉华银行等股东，总共拥有纽约联邦储备银行53%的股份。其他11个分布各州的联邦储备银行的股份，商业银行也同样占了大多数。

因此，商业银行表面上居于美联储之下，但实际上是美联储的衣食父母。这些商业银行实际上也决定了美联储主席的候选人，美国总统的任命和美国的国会听证会看起来更像是走过场的表演。

而且，美联储纽约银行最初的注册资本金为1.43亿美元，上述银行到底有无支付这些资金至今仍是一个谜。不少研究美联储的历史学家认为这些银行没有支付现金，而是用支票支付，美联储的运作其实是"以纸张做抵押发行纸张"，并无实际的储备。

对于商业银行控制了美联储这事，负责大力推动成立美联储的美国参议员奥利奇（Nelson Aldrich），也算比较"坦白"。他曾在自己经营的《中立派》杂志的1914年7月版中写道："在《联邦储备法》获得通过之前，纽约的银行家们只能操纵纽约的金融储备。而现在我们却可以操纵整个国家的银行储备了。"

对此，读者可能会产生疑问，为什么商业银行要操纵整个国家的银行储备系统？在这里我给读者简单解释下。

商业银行的背后都隐藏着大财团的身影，例如摩根大通银行、花旗银行是由摩根财团、洛克菲勒财团等控制。这些财团通过控制商业银行，除了达到把手伸入美联储影响美国全国的货币政策的目的之外，还可以借助所控制的商业银行通过信托、保险控制大型公司的股票，使其能安排代言人入主大型公司的董事会，影响大型公司的发展策略，分配大型公司的利润等。

这样的运作方式，令银行资本成功控制了实体经济的工业资本，让财团不但可以成为经济发展的最大受益者，而且对某些领域的影响力甚至超过美国政府。

看到这儿，相信读者已经了解到，美联储无论是推出QE政策还是结束QE政策，最主要还是为商业银行以及背后的各大财团服务，最大限度地保障商业银行和财团的利益。

所以，有关美联储服务于美国民众，在经济受到威胁和职位受到威胁的时候就会采取行动保障美国民众利益的观点是错误的。相比之下，作为中国的中央银行，中国人民银行无论是从服务对象上看，还是从服务范围上看，都比美联储更"忧国忧民"。

部分美国人其实也早已了解到美联储的这些内幕。例如当年签署通过《联邦储备法》的美国总统伍德罗·威尔逊，在去世之前发现自己上了银行家的当，他当时内疚地表示："我在无意之中摧毁了我的国家……美国的国家发展和我们所有的经济活动，完全掌握在少数人手中。我们已经陷入最糟糕的统治之下，一种世界上最完全、最彻底的控制。"伍德罗·威尔逊所说的少数人，就是通过美联储控制了货币发行进而控制美国的财团。

虽然威尔逊有此"觉悟"，但悔之晚矣，自从建立了美联储，美国人就不由自主成了它"操纵"的对象。

美联储主席常遭"欺凌"

美联储的决策过程比中国人民银行简单。

美国《华尔街日报》在2014年6月有一篇报道被中国多家媒体转载，引发广泛关注。该报道指出，中国人民银行曾与国家发改委、财政部等相关部委就如何刺激增长展开了热烈讨论，最后中国人民银行顶住了各部委的压力，决定不推出下调利率这个重型武器。

这篇报道让不少读者首次得知，作为全球第二大经济体中国的中央银行——中国人民银行有关货币政策的决策过程是如此激烈。

那么，作为全球第一大经济体的美国，由于其货币政策更能影响全球金融市场，不少读者认为，负责履行美国中央银行职责的美联储在货币政策的决策中争论会更加激烈。

读者有这样的看法不无道理。在媒体上，我们看到美联储主席经常被外界公开批评。例如美联储主席耶伦曾指出，她比较倾向长期维持美国的低利率环境，因此暂时不会加息。美国华尔街随即响应说，耶伦是"走在曲线之后"（Behind the curve）。要知道，"Behind the curve"可不是什么好话，意思是耶伦跟不上时代发展。不但耶伦被人损，前任主席伯南克也经常被批评不够格当主席。

虽然美联储主席常遭"欺凌"，让人感觉他们比较弱势，但是，有关货币政策的决策，美联储主席却很强势，且决策过程也很模式化。

在这里我给读者简单介绍一下美联储的决策过程。美国的货币政策是由美联储的联邦公开市场委员会（Federal Open Market Committee，简称FOMC）全权负责的，外界一般认为FOMC有19位成员，但实际上只有12名成员有表决权，包括纽约储备银行总裁及全部7位美联储理事，余下4席则由另外11位储备银行的总裁轮任。

虽然FOMC会议对市场产生的影响极大，但会议过程并不激烈，更不会出现戏剧性的情节。

FOMC的19位成员每年在华盛顿开8次会，美联储主席坐在会议桌的中间，另外18位成员分别坐在两边。会议开始后进行以下几大流程：其一，纽约储备银行市场部负责人汇报金融市场动态；其二，美联储职员报告预测经济表现的绿皮书；其三，由各储备银行总裁逐一回顾其管辖区域的经济情况；其四，FOMC会议秘书（货币事务主任）报告蓝皮书，向各委员汇报当天可选择的政策措施；其五，全体委员讨论美国经济状况以及美联储未来该如何做；其六，由美联储主席提出政策建议，并要求委员们表决。

虽然FOMC委员分为"鹰派"和"鸽派"，看起来两派会争得"你死我活"，但实际上，每次FOMC在投票表决时，不但未曾出现过票数接近的结果，而且反对美联储主席建议的委员极少超过2人，如果超过4个人，就会被当作"造反"了。

为什么会这样呢？一方面，由于美联储的理事们与主席同处一个办公室，彼此之间有一种团结意识，加上开会前他们早有沟通、协调，理事们不会轻易公开反对主席的建议；另一方面，FOMC的12位储备银行总裁背后的支持者与美联储主席的支持者在利益上大致趋于一致，都是要维护大财团的利益，因此意见不同者不会太多。

对此，前美联储理事劳伦斯·迈耶曾开玩笑称，FOMC会议室里有两张红色椅子，只有坐红色椅子的人会投反对票。

简而言之，美国联邦储备局既无"储备"，也非"联邦"，只是私人银行，虽然其负有对抗通货膨胀、保障就业的重任，但是其最根本的任务是保障商业银行和大财团的利益。

读者明白这个道理，就会知道美联储的决策过程其实并不复杂，更不必与美国政府部门角力。只有深入了解美联储，才能进一步理解美联储推出QE政策的内在逻辑，才能较准确地判断、预测美联储退出QE政策后可能进行的后续动作以及加息的时间点。

为什么说美国最厉害的武器是金融武器？

美联储无论是推行QE政策，还是结束QE政策，都引发了不少国家的经济震荡乃至社会、政治动荡，这当中到底有何玄机呢？

不同于军事战争，金融战争大家既看不见，也摸不着，美国不但发动起来更得心应手，还可以在未来100年依靠金融武器震慑世界各国，金融武器真有这么厉害吗？

美国总统奥巴马在2014年5月底出席西点军校毕业典礼并发表演讲时，宣称"美国打算成为未来100年内的世界领袖"。

美国还想再称霸世界100年，凭的是什么？不少读者可能会猜测，美国凭的是全球首屈一指的军事实力、经济实力、外交实力或美国总统的领导能力，因此奥巴马的口气才这么大。

其实，这样的看法不完全对。虽然美国的军事力量也是全球最强的，核武器数量也是全球最多的，但是，一方面，美国现在不会也不可能动用原子弹去征服别国；另一方面，过去三四十年的经验表明，美国对他国动武，除了受到国际社会的强烈谴责外，实际效果也不好，从越南战争到后来的阿富汗战争、伊拉克战争就可见一斑。

此外，美国的外交力量和经济力量慢慢也难以支撑美国的世界一哥地位。因为随着欧盟、俄罗斯、中国和新兴国家的崛起，在国际事务中，美国的影响力和决定性作用逐渐减弱。甚至是美国曾经引以为豪的经济力量，也已经每况愈下，美国GDP在2010年占全球经济总量的30%以上，而如今只占20%左右。

美国再称霸100年的底气何在

敢说出这样的壮语豪言，到底奥巴马的底气在哪里呢？

在这里我要告诉读者的是，美国的底气在于他们的金融力量异常强大，由美国政府、华尔街、国际评级机构及美元所构建的美国金融武器对世界各国的威慑已经强于他们的军事、外交和经济力量。而且，金融战争不像军事战争，大家既难看见，也摸不着，发动起来更得心应手。

为什么我要这么说呢？因为美国拥有世界第一支"金融军队"，通过金融"组合拳"可以兵不血刃地令他国屈服。

美国金融学专家、畅销书《货币战争》的作者詹姆斯·里卡兹（James Rickards）曾披露，他早在2009年就亲身参加过一次由美国政府组织的"金融仿真战"。此次"金融战"的主要参与者包括美国国防部、财政部等政府部门以及部分智库的研究人员和金融学家，他们通过运用各种金融武器，包括推动美元大幅贬值，引发全球粮食价格、大宗商品价格高涨，以此大幅抬高拟攻击国家的通货膨胀率，达到扰乱该国社会稳定、经济稳定的目的。与此同时，华尔街的各大投资机构开始攻击该国的股市、楼市和货币，破坏该国的金融市场，切断其资金链，令该国社会、经济和金融市场全方位遭受打击。这也很容易引发政治不稳，甚至政府倒台，被攻击的国家只能向美国屈服。

其实，美国不光模拟金融战，也实战过，实战对象之一就是伊朗。

为了抑止伊朗发展核武器，以美国为首的西方国家虽然多年来通过对伊朗实施制裁重创了伊朗经济，但伊朗仍然很强硬，拒绝停止发展核武器计划。伊朗核问题拖了十年仍没有得到解决。但是，2014年6月，伊朗竟然同意和美国在日内瓦相会，这是两国首次面对面的正式谈判。是什么原因逼伊朗同意坐在谈判桌上与美国谈判呢？在这里我可以告诉读者，是因为美国对伊朗动用了金融武器。

出于保密的需要，美国不会张扬对伊朗发动的金融战细节；伊朗吃了金融战的暗亏，自然也不会四处宣扬。因此，外界很难得知金融战的具体过程和战争全貌。不过，日本经济新闻美洲总局编辑委员西村博之曾撰文披露了美国对伊朗发动的其中一个金融攻击，那就是切断伊朗的资金链条。

西村博之在文中透露，石油出口是伊朗的主要经济来源，过去欧美国家虽然对伊朗实施石油禁运，但伊朗依然可以通过偷运石油给他国的方式获取收入。不过，由于世界的石油贸易都是以美元来结算的，而且石油交易结算必须要通过华尔街的货币中心银行（Money Centre Bank，借贷对象为政府、机构和其他银行，而非消费者的国际大银行）、纽约联邦储备银行来完成。因此，伊朗任何与石油交易有关的信息，对美国来说毫无隐私可言。

美国政府在决定发动金融武器对付伊朗之后，要求货币中心银行、纽约联邦储备银行"拒绝与伊朗进行交易结算"，否则将禁止这些银行在美国开展业务。当然，美国政府一声令下，各大银行不能不配合，因为对于任何国际性的大银行来说，在世界金融体系仍由美国主导的今天，能否继续在美国展开业务，绝对关系到自身的生死存亡。

而伊朗被美国真正切断"水源"之后，资金链断裂，失去了主要经济收入的伊朗政府自然不得不在发展核武问题上同意与美国坐到谈判桌前。

让人想不到的是，美国除了动用金融武器攻击所谓的"邪恶国家"外，连自己的盟友都不放过。

这样说是耸人听闻吗？当然不是，例如欧洲爆发的欧债危机很大程度上也是美国有预谋地向欧洲发动金融"战争"。

这场"战争"是如何进行的呢？首先，总部设在美国的惠誉、标准普尔等国际评级机构，在2009年12月突然下调欧元区成员国希腊的国债评级，引发国际投资者纷纷抛售希腊国债，希腊要想继续在国际金融市场融资，必须大幅提高希腊国债收益率以吸引投资者，这使得希腊将来面临国债到期的再融资利率攀高问题。

与此同时，华尔街做多希腊国债的债券违约保险指数（CDS），让国际金融市场相信希腊违约几率大增，以进一步推升希腊国债的再融资利率并形成恶性循环。

同样的戏码在爱尔兰、葡萄牙等欧元区成员国也上演了，而且美国的攻击目标并不仅仅是这些国家，而是整个欧元区的银行系统。同时，美国的"金融军队"还不断唱衰欧洲债务严重国家与银行体系，让国际投资从这些国家的经济和金融体系中大量逃离，造成欧元急剧贬值，欧洲各国中央银行的外汇储备迅速流失。

当欧洲各国的中央银行外汇储备被大量而且快速地消耗光之后，最后不得不抛弃黄金储备，在市场上购入美元以注资银行，防止银行因流动性问题倒闭。

美国此番攻击，一方面可以巩固美元作为国际货币的地位，另一方面也达到了通过削弱欧元来削弱欧洲经济乃至欧洲整体实力的目的。可谓一举多得。

美国前国务卿基辛格曾说过一句话："控制了货币，就能控制全世界的经济。"基辛格的这个说法并没有夸张的成分。我们看到美国推行或退出QE政策，都能严重影响世界的经济乃至引发一些国家的政治动乱。

如果读者有留意2014年年初的新闻，就会看到美国只是透露出逐步退出QE政策的意思，美元便开始撤回美国，引发了新兴国家的金融市场、外汇市场的严重动荡，不少国家的货币大幅贬值，经济受到冲击。

再回看两三年前的国际新闻，不少国家的政治、社会不稳都与美元有关。例如2010年，中东地区和北非各国的民众纷纷走上街头发起抗议，要求领导者下台。出现这些混乱，固然源于各国固有的问题，但导火线却是美联储在当年推出的第二轮QE政策。QE政策导致游资流入国际大宗商品市场、国际粮食市场投机，引发大宗商品价格如小麦、大米等粮食价格的暴涨，令上述国家的贫民生活负担大幅增加，甚至民不聊生，从而引发了大规模的抗议活动，部分国家的政府也因此倒台。

由此可见，美元一收一放之间，都能产生巨大的破坏力。虽然美国已宣布将结束QE政策，但只要美国愿意及有需要，完全可以通过再次大印美钞或者突然收紧美元这一金融武器去攻击他国。

美元的厉害之处不仅仅如此。由于美国可以无约束、无限地印发美元，使得美国可以通过世界银行、国际货币基金组织等国际金融机构大量贷款给新兴国家、发展中国家，进而利用债务压迫、控制这些国家的自然资源、经济命脉。

美国畅销书《一个经济杀手的自白》（*Confessions Of An Economic Hitman*）曾披露了当中的一些细节。该书指出，美国政府派出的"经济杀手"，以国际咨询公司高层、智囊机构和智库研究人员等伪装的身份，以协助新兴国家、发展中国家发展经济为名，说服这些国家政府的领导人，从世界银行、国际货币基金组织等国际金融机构接受超过该国实际还债能力的巨额美元贷款，以投资发展诸如机场、铁路、港口等公共基础设施，并保证这些项目的承建合同落入美国本土公司的手中。

由于有了美国公司的参与，这些由美国借出的巨额美元贷款，大部分还是会从新兴国家、发展中国家流回美国，同时却使借贷的国家背上了沉重的债务。一旦这些国家无力偿还债务，美国就会和世界银行、国际货币基金组织联手，逼迫这些国家的政府接受苛刻的要求，以达到控制这些国家的经济命脉乃至经济殖民这些国家的目的，让这些国家长时间"臣服"于美国。

看到这，有读者会产生疑问，既然美国大印美元的危害这么大，能否把美元"灭掉"，让美元丧失国际货币的地位，让美国少了美元这个金融武器呢？

答案是很难。首先，先别说暂时没有哪个国家的货币可以取代美元，即使有，美国也不会坐等其他国家的货币威胁到美元的地位，无论是日元还是欧元，都曾被美国狠狠地修理过。

其次，即使有办法让美元失去国际货币的领导地位，令美国政府、美国金融机构遭遇灾难级的损失，但是，一旦美元不再吃香，外国的中央银行和国际投资者就会急着脱手美元和美元资产，导致美元大幅贬值，包括中国在内的各国中央银行、外国投资者就会因为持有美元资产例如美国国债等而蒙受严重亏损。

与此同时，外国中央银行和国际投资者会疯狂购买欧元、日元乃至人民币这些货币及其资产，以取代美元和美元资产，作为其外汇储备和新的投资目标。这将造成上述货币汇率大幅升值，出口贸易必遭重挫。届时，这些国家别无选择，很可能实施严格的资本管制，限制外资购买本国货币和资产。一旦爆发这种金融乱象，全球各国都是受害者。所以，在目前的情况下，美元的地位仍不可取代。

由于美国拥有上述金融武器和金融攻击力量，所以美国才敢喊出还想再称霸世界百年的宣言。

想经济全球化就要付出代价

有读者可能会说，美国的金融武器如此厉害，新兴国家、发展中国家既然技不如人，惹不起总躲得起吧？但是，在经济全球化的今天，不但技术、人力和货物实现了自由化，资本、金融也随之实现了自由化，热钱可以在各国之间流动。

也就是说，那些希望与全球市场接轨以发展经济的新兴国家和发展中国家，既然要享受技术、人力和货物实现自由化所带来的好处，就要承受金融自由化所带来的后果。尤其是在国际金融市场秩序、规则由美国维护、制定的今天，各国不可能从美国的庞大金融网络中逃逸出来。

正如，美国一直要求中国推进金融自由化以便深度融入国际社会，而且即便其中蕴藏不小的风险，中国在反复权衡利弊之后，依然决定启动人民币国际化、利率汇率市场化等进程。这意味着加入以美国为首的全球金融市场对中国的长远发展来说是势在必行的，我们只能在过程中步步为营，修好并巩固金融堤防，"且行且珍惜"了。

是谁让美国总统很窝囊？

> 美联储推动了多轮QE政策，但美国劳动市场依然脆弱，经济仍然复苏乏力。在美国国内，总统奥巴马的支持率已经下降。
>
> 对外，奥巴马在与俄罗斯总统普京的硬碰硬中已处下风，对于凭借强势、强硬建立俄罗斯帝国的普京，奥巴马与其继续硬碰硬的风险极大。
>
> 那么，奥巴马要对付普京，是不是真的就无计可施呢？

不知道读者有没有发现，美国总统奥巴马曾在2014年5月大发雄威，对俄罗斯总统普京"猛喷口水"。

乌克兰危机发展一日数变，继"乌皮俄骨"的克里米亚加入俄罗斯后，俄罗斯更陈兵数万在乌克兰边境。奥巴马对此作出激烈响应，先是严厉谴责俄罗斯针对乌克兰的行动"非因他强大，而是因他弱小"，随后又贬低俄罗斯只是一股"地区势力"。奥巴马更加大分贝警告：俄罗斯将要为错误的决定付出长远及沉重的代价。

奥巴马此番充满火药味的言论随即引起国际社会的高度关注，为了让读者能体会到奥巴马说这话时咬牙切齿的程度，此处特地写出他的原话："America's got a whole lot of challenges. Russia is a regional power that is threatening some of its immediate neighbors—not out of strength, but out of weakness."

奥巴马如此声色俱厉，摆出一副即将战斗的模样，引发国际社会、全球金融市场的忧虑，部分评论更预测美俄可能会因此进入新"冷战"期。

但是，在这里我要告诉读者，美俄局势看似紧张，实际上并不紧张。奥巴马其实是在虚张声势，他谴责俄罗斯只是做做样子，很难真的对俄罗斯强硬起来。

奥巴马只是虚张声势

为什么这样说？因为我早已看穿奥巴马说这话的背后原因。

原因之一是为了在2014年的国会中期选举中得到更高的支持率。奥巴马的支持率由上任初期的近七成，滑落到现在的四成，原因除了虽然美联储推动了多轮QE政策，但劳动市场依然脆弱，经济仍然复苏乏力外，还有在乌克兰危机中奥巴马反应较慢，被共和党"鸽派""鹰派"轰击"未能维护美国利益"。

奥巴马所在的民主党为了避免在2014年年底国会中期选举中失利，面对共和党的攻击，他只得狠批俄罗斯。盛传两年后极有可能参与总统大选的希拉里，也公开批评过俄罗斯总统普京。

原因之二是想给欧洲盟友一个安慰。可能很多读者并不知道，在乌克兰危机中，奥巴马一开始是责怪欧洲处理不当，导致美国还要善后。

为什么这样说？不知道读者有无留意到，自从奥巴马上台以来，他的外交政策和前任总统小布什的单边主义（Unilateralism）很不同。奥巴马的选择是"脱身主义"，他不但选择在伊拉克、阿富汗、阿拉伯世界"脱身"，更是在觉得"西线无战事"后就将东欧事务交由欧洲伙伴牵头，以便集中精力推行"重返亚洲"的战略以及处理美国国内经济难题。

如今，由于欧洲伙伴们处理不当导致乌克兰局势剑拔弩张，奥巴马如果不介入，有损美国"世界警察"的声誉，也会让跟随美国多年的欧洲伙伴们心寒；但是，如果介入太深，美国的"重返亚洲"战略和集中精力处理内政的国策不但会中断，更容易在和俄罗斯的较量中顾此失彼，实在得不偿失。

因此，如果你是奥巴马，你会选择跳进乌克兰危机的"火海"中，给自己惹大麻烦吗？答案已经很明显了，奥巴马衡量一番后，选择了加大分贝谴责、威胁俄罗斯，以此来给欧洲国家壮胆。

原因之三是美国的"声音"虽大，但道理缺失。各位读者要是还记得的话，会发现美国在国际纠纷中向来是"只许州官放火，不许百姓点灯"，例如这次克里米亚脱离乌克兰事件，美国就执行两套标准。

想当年美国以人权高于主权为名直接出兵干预南斯拉夫，又支持科索沃通过公投独立，导致南斯拉夫四分五裂。当时国际社会呼吁要尊重南斯拉夫的主权完整，但美国却置若罔闻。如今美国为了阻挡俄罗斯吞并克里米亚，又强调主权高于一切。由于大家看透了主权和人权只是美国干预他国内政、打压对手的借口，因此，除了欧洲和美国的部分盟国外，国际舆论对美国此次声讨俄罗斯并不太支持。由于不占理，美国直接无视"有理不在声高"，大声谴责俄罗斯，希望以声高掩盖理亏，以体现美国的存在感。

何况，俄罗斯在乌克兰危机中有大恶吗？在我看来，俄罗斯其实只有小恶，并无大恶。俄罗斯在此次事件中就像《上海滩》里的许文强，乌克兰和欧洲则分别像故事里的冯程程和丁力。丁力与冯程程结婚，许文强去教堂抢婚，冯程程突然不按剧本出牌，愿意回头直扑许文强怀中，这举动让丁力错愕、震怒。

对于此事，我不知道读者有无想过更深层次的原因，丁力在和冯程程举行婚礼之前，是知道冯程程此前已"一脚踏两船"的，如今她"择许而栖"，实在不好判断是谁抢了谁的爱人，是谁在横刀夺爱。

如果欧洲乃至美国因此要对俄罗斯喊打喊杀，也是于理不符，出师无名，难以得到国际社会的普遍认可和支持。在这种情况下，美国是难以强硬起来的，要找更多盟友和俄罗斯对着干不易。

而且，美国也没有对俄罗斯强硬起来的手段。有评论说，欧美可以通过制裁俄罗斯逼其就范，但在我看来，这些制裁只会是不痛不痒。

美国的制裁通常不管用

很多读者并不了解美欧制裁的底牌。我可以告诉你们，美欧可以动用的制裁主要有以下几种：一是将俄罗斯从八国集团（Group of Eight，简称G8）首脑会议除名；二是切断俄罗斯银行与欧美金融体系的联系；三是追查俄罗斯总统普京及其亲信掌控的资产；四是减少美俄双边贸易；五是欧洲减少对俄罗斯能源的依赖；六是拒发签证给俄罗斯官员。

虽然制裁措施不少，但请读者注意，俄罗斯并不是软柿子，欧美无论实施哪些制裁措施，俄罗斯都有反击的手段。例如，俄罗斯可以大举抛售美国国债，推高美国的十年期国债收益率。由于该收益率是美国的基准利率，一旦收益率升高，企业、民众向银行贷款的成本就会增高，美国的消费就会受到影响，进而遏制经济增长。

在冷战时期，甚少有美国、欧洲的企业到俄罗斯投资，但现在，只要是数得出名字的世界五百强企业，在俄罗斯大都有业务。众多欧美的银行和俄罗斯银行、企业有巨额资金往来，因此如果制裁俄罗斯，就难免也顺带制裁在俄的美国、欧洲企业，连带欧美的银行也会受累，这会让欧美投鼠忌器。

针对这个问题，我还要给读者爆三个"料"。第一个是英国国会有文件流传出来，部分英国议员基于经济考虑，反对制裁俄罗斯。在西方，"金钱是政治的母乳"，钱才是政治家考虑的重点。第二个是美国政府中顶尖的俄罗斯专家、美国常务副国务卿伯恩斯于2014年4月在参议院外交委员会作证时，并不建议美国制裁俄罗斯，而是建议要对俄罗斯采取"围堵"（Containment）政策。何谓"围堵"？美国目前重返亚洲，对中国采取的就是"围堵"政策，但美国有经济制裁中国吗？第三个则是德国西门子公司CEO乔伊·凯瑟（Joe Kaeser）在2014年4月到访俄罗斯时曾与普京会晤，谈论经贸合作事宜。不但西门子如此，许多欧洲企业负责人都视俄罗斯为经济伙伴。

我还要告诉读者一件鲜为人知的事，历史上，美国的制裁往往不大管用。芝加哥大学政治学系教授、美国著名政治学家罗伯特·佩普（Robert Pape）研究发现，美国在过去115次制裁中，仅有5次达成既定的目标。制裁会让被制裁国群情激愤，更加支持原先引来制裁的举动。事实也证明，罗伯特·佩普的研究没有错，因对乌克兰危机事件的处理，普京的支持率升至82.3%的历史新高，而在2014年1月，普京的支持率仅为60%。

所以，无论是欧洲还是美国内部，都没有对是否制裁俄罗斯达成统一意见，而且强力制裁对于欧美的伤害并不亚于对俄罗斯的伤害。欧美要实质性地制裁俄罗斯很难，把俄罗斯踢出G8这类做法也只是不痛不痒的措施。

至于有媒体、专家估计美俄会因乌克兰危机而开战，我可以很负责任地告诉大家，这是瞎说、瞎评论。各位读者还记得伊拉克战争吗？当时美国派出三个航空母舰群加上欧洲、日本多国的参与，才把伊拉克拿下。这次美国派到黑海的航空母舰群是多少？只有一个。美国仅凭一个航空母舰群就想拿下俄罗斯？我认为连恐吓俄罗斯的效果都不能达到。

加上美国航空母舰群出发前往黑海时，美国海军网上不断公开报道其行踪，生怕外界不知道。请读者们告诉我，在兵贵神速的现代战争中，谁会这么大锣大鼓地准备作战？这分明只是美国在摆姿态，而且还生怕俄罗斯误会。

奥巴马很窝囊，难作为

我可以明确地告诉读者，在乌克兰危机上，美国可做的事情实在不多，面对俄罗斯，奥巴马只能和其前任一样窝囊，除了打口水仗外，做不了什么。例如，1956年苏军进入匈牙利，时任美国总统的艾森豪威尔只是谴责了一番；1981年波兰团结工会运动被苏联硬生生压下，以强硬反共见称的"牛仔总统"里根也只是谴责抗议了事，不敢越雷池半步。

为什么会这样？因为足以摧毁美国乃至全球的俄罗斯，不像伊拉克、阿富汗和利比亚这些软柿子，美国想捏就捏。俄罗斯是榴莲，又臭又硬又有刺，不但不好捏，还会扎人，美国实在难以下手。

而且，现任俄罗斯总统普京采取铁腕政策，希望凭借强势、强硬的做法建立一个强大的俄罗斯帝国，奥巴马与普京硬碰硬的风险极高，成效难料。这和历史上只要国家最高领导人强势，该王朝往往就很少遭到外敌欺负的道理是一样的。

看到这，你是否认为欧美对俄罗斯真的无计可施？如果你这样认为的话，那有些欠缺考虑了。欧美可以做一样最擅长的事，就是和俄罗斯没完没了地打口水战。

至于如何打、会有什么结果、对读者们会有什么影响，我在此改编南唐冯延巳的《谒金门》，给大家解读一下：

风乍起，吹绉一池春水。美国自欺喷口水，纷扰难歇止。风波祸殃A股，金价攀高不坠，终究美元难挺立，欧元招人喜。

没有美国，世界会更好吗？

> 大多数国家已经喝习惯了美国QE政策这个"奶水"，甚至已经上了瘾，一旦缺乏"奶水"供应，世界经济将会动荡不安。
>
> 除此之外，还有什么因素能让美国在未来数十年内继续维持世界秩序呢？

美国总统奥巴马在2014年4月展开的访问亚洲之旅，已经成为了盛大的"针对"中国之旅。奥巴马除在访问菲律宾期间与菲律宾签订协议，最大范围地使用菲律宾的军事基地外，更首度表明中日有主权争议的钓鱼岛属于美日安保条约范围，以此应对中国的崛起。

奥巴马此举，我们当然必须警惕和做出谴责、回击。但是，不少人更因此提出假设性问题，如果中国是世界霸主，甚至世界上没有美国，我们是否可以耳根清净一些，麻烦是否也会减少很多？

如果你真这样认为的话，那就错了，而且错得很离谱。在这里我要告诉读者的是，在较长的时间内，世界霸主仍是美国，而且世界没有美国是不行的，中国的麻烦反而将比过去更多。为什么要这样说？有三个原因。

"黑老大"美国能维护秩序

不知道你有否看过由杜琪峰导演执导的电影《黑社会》，其中一个情节让我印象非常深刻，那就是黑社会老大被警察抓进拘留所之后，原本以为黑社会群龙无首，社会就能安定下来，但没想到的是，黑社会各路人马由于没了管束，反而更加争权夺利，为了抢地盘展开激烈斗殴，让社会秩序更加混乱。

当今的美国就犹如一个黑社会大哥。而且，美国这个"黑老大"向来持有对人严、对己宽的双重标准，平时还有收取"保护费"的习惯。

对于美国收取"保护费"的行为，我举个例子，美国政府经常要求中国政府让人民币升值，为什么美国要这样做呢？因为人民币升值意味着美元贬值，美国可以凭借美元贬值向中国多出口产品，以拉动美国经济的发展。

美国要求中国上调人民币汇率带有强迫性质，因为美国政府觉得中国吃点亏是应该的，要不是自己维持世界秩序，中国的外贸出口就不能安稳地在国际市场上展开，因此，中国应该给美国交"保护费"。

虽然美国的这种逻辑很难让人理解，但必须指出的是，虽然我们常说自由市场需要利用"看不见的手"才可能成功，但地缘政治则需要强有力的"看得见的手"才能维持国际秩序，这只手就是美国。

如果世界缺少了美国，就会如电影《黑社会》中所呈现的那样，不但大国间会互相争抢，一些中小国家也会兵戎相见。例如中东国家与以色列、印度与巴基斯坦、朝鲜和韩国之间就会因为没有美国的制衡，随时爆发地区战争，世界将会陷入混乱。这给中国带来的麻烦只会比现在多。

在这里，我还要问读者一个问题，如果没有美国，东盟国家会否对中国更有戒心，更担心遭中国控制，导致中国与东盟的合作无法像现在这么顺利呢？相信读者现在已经有答案了。

因此，要想美国消失，除非有更强大的国家出现，以取代美国的位置。不过，未来几十年内，有希望或者能担当此任的国家还没有出现呢。

中国是不想争这个位置的，中国现在最想的是欧美国家少来捣乱、添麻烦，可以让中国一心一意发展经济，改善民生，解决国内一系列复杂问题。中国只有解决好问题，国力才能上升，才有足够的实力获取更高的国际地位。争夺霸权，现在明显不是时候。

俄罗斯则是无力争，俄罗斯已经没有了昔日与美国争霸的本钱，目前无论是乌克兰事件，还是收留美国中情局前雇员斯诺登，俄罗斯的重点都在防御而非进攻上。

欧盟国家也很难争，在欧债危机的袭击下，欧盟受到重创，经济陷入停滞困境，当前最要紧的是如何重新崛起，避免重蹈日本经济迷失20年的覆辙。

在这种情况下，读者必须明白的是，虽然美国国力已下降，不少国家对美国也是口服心不服，但是在未来一段不短的时间内，不管大家愿意不愿意，美国都会依然稳坐"老大"之位。这看起来虽然很不公平、很不恰当，但正如英国著名寓言小说《动物庄园》（*Animal Farm*）所言："虽然众生平等，但有些动物就是要比其他动物优越。"（All animals are equal, but some animals are more equal than others.）

当然，"老大"也不是那么好当的，电影《黑社会》中的"老大"往往都没有好下场。反而是那些不当"老大"好多年的，例如昔日霸主英国，倒是纷争减少，可以安稳度日。

世界发展需要美国

美国人是很狂妄的，美国对外关系委员会主席哈斯（Richard Haass）曾表示，"美国或许已经进入又一个美国世纪的第二个十年"，美国经济战略研究所主席普雷托维茨（Clyde Prestowitz）也说，"本世纪将是另一个美国世纪"。

这些话语我们听起来有些刺耳，但不可否认，美国目前确实有狂妄的本钱。一方面，在当前欧洲经济衰退、亚洲经济减速的情况下，只有美国才有能力驱动全球经济复苏。美国经济总量占世界经济总量的比重高达25%，只有美国经济复苏、增长，美国消费他国商品和服务的能力才会增加，才能提高世界各国的出口，促进世界各国的经济增长。

以中国为例，2008年全球金融危机全面爆发后，也就是2009—2013年期间，中国对美国的出口额占其国内生产总值的比重降到6%，而此前则达10%左右，甚至更高。导致这种变化的最主要原因是美国对中国产品的需求下降。因此，只有美国的经济恢复强劲增长，才能促进中国的出口增长。作为全球第二大经济体的中国是如此，其他国家对美国也有类似的依赖性。

另一方面，新兴国家已经喝习惯了美国QE政策这个"奶水"，一旦缺乏"奶水"供应，新兴国家的经济将会动荡不安，2014年初新兴国家经济混乱就是很好的证明。

因此，美国在2014年年底完全退出QE政策后，也会以别的方式大印钞票以及维持一段长时间的低息环境，继续给新兴国家"供奶"，让新兴国家对美国产生依赖。美国提供的这种"奶水"对有些新兴国家而言，其实已与毒品无异。

世界进步主要依靠美国

我们不得不面对一个事实，那就是美国仍然是世界上独一无二的、最强的创新国家。各位不妨看看身边，无论是我们现在工作、生活基本上离不开的互联网和电子产品，很多都诞生在美国。又如能源领域，虽然世界各国都非常重视新能源的开发，但无论是风力还是太阳能发电，都会遇到无风无日照导致发不了电的窘境，大量使用核电又会面临核安全的威胁。而美国的页岩油开发技术已经成熟，可以大大提高从地下岩层提炼石油和天然气的能力。相关技术的广泛推广，不但可以增加全球的能源产量，而且能降低各国对进口昂贵能源的依赖性，同时也可降低温室气体的排放量。

更加重要的是，美国的发展模式乃至价值观，仍被世界多数国家视为标准。美式资本主义发展经济理论是世界大部分国家这二三十年来唯一遵行的经济理论，包括美国的金融改革、市场开放、以市场为主导、减少政府干预和贸易自由化等。

当然，美国在推广这套理念上花了许多功夫，更利用军事、政治、经济力量甚至金融力量要求全球多数国家勠力施行。不过，我也发现了一个非常有趣的现象，那就是包括中国在内的新兴国家甚至东欧国家，也在争相模仿美国的这套经济发展理论。

不能否认，目前包括中国在内的多数国家，并非在寻求推倒美国的霸主地位的方法，而是希望模仿美国，建立强大而有活力的中产阶级，以实现美国早已实现的和平、稳定和繁荣等目标。

这就像香港经济学家曾仲荣在他的著作《后海啸时代：经济·投资七堂课》中所言："美国的强，不是强于军力，不是强于经济实力，而是强于美国人的核心价值、文化力量、精神文明，这才是美国经历一次又一次挑战仍能屹立不倒的核心原因。"

当然，即使美国再强大，面对美国对中国的进逼，中国也是可以采取多种方式反击的。例如，在外交层面上，外交部发言人秦刚在2014年5月曾告诫美国："中方希望有关国家能够做有利于增进本地区国家相互信任，有利于维护本地区和平、稳定与繁荣的事情。"不少人认为中国应该对美国更强硬，在这里我必须告诉读者的是，由于中美实力上的不平等，中国当前能做的不是与美国硬碰硬，而是通过诸如广交朋友，甚至是利用"银弹政策"加强与他国如俄罗斯、欧洲国家的合作这种以柔克刚、围魏救赵的迂回方式，化解美国的进逼。

总而言之，读者应当认识到，虽然当代许多全球性问题的确需要多极化、集体行动才能获得最大的成功解决机会，但是全球格局要真正变为"多边主义"，说起来容易，设计和实施起来却很难。

　　看群雄逐鹿，在未来二三十年内，美国仍将担当世界"老大"的角色，维持世界秩序。

为什么美国要拍中国的马屁?

虽然中国正快速崛起，但是政治、军事、经济、科技和社会等基础仍然比较薄弱，即使美国在结束QE政策后整体国力或会受到损伤，中国的整体实力与美国仍有明显差距。

美国竟然吹捧起实力弱于自己的中国来，这当中有何玄机呢?

中国要称霸世界了？请读者注意，这不是我在自吹自捧，而是世界银行赞助的国际比较项目（International Comparison Program）在2014年5月发表研究报告指出，按照购买力平价原则统计，中国的经济总量将在2014年超越美国，晋身为全球最大经济体。

中国即将获得全球最大经济体的地位，大家高兴吗？我相信不少读者是很开心的，但按我说，大家还是先别高兴。因为购买力平价原则在统计学上深具欺骗性，可以通过选择不同的商品进行比较，来获得对某国有利或不利的结果，世界上多数国家是不会使用这种方法计算经济总量的。

但如今，由欧美国家尤其是美国控制的世界银行，却通过这个非主流的购买力平价原则来推举中国做老大，这种对中国"我说你行，你就行"的半强迫式"加冕"行为，大家不会觉得很奇怪吗？

无事献殷勤，非奸即盗

美国如此用心良苦地奉承中国，对此我的看法是"无事献殷勤，非奸即盗"，简单而言，美国这次是想"捧杀"中国。

我为什么要这样说？第一，美国过去"棒杀"中国不太成功。中国此前常在国际上遭遇西方的"棒杀"。无论是在遭遇贸易壁垒方面，还是在南海、东海等主权领土争议方面，美国都曾调动亚洲某些国家作为马前卒，通过包围、进逼中国，企图遏抑中国的发展。但美国忘记了象棋是中国发明的，而且中国还精通国粹围棋。因此，中国以"不谋全局，不足谋一域"的反包围战略，反击美国对中国"象棋式"的进攻，突破了美国的"棒杀"。不甘罢休的美国，因此另生"捧杀"一计。

第二，美国要给中国尽量多树敌人。可能很多读者不了解，美国把中国捧上"全球最大经济体"的宝座，实际上是想玩挑拨离间的把戏。

其实早在数年前，美国就开始这样操作了。美国著名金融历史学家弗格森（Niall Ferguson），在2008年曾提出"Chimerica"（中美国），表示"中美国"将决定未来世界的繁荣。美国著名经济学家、曾成功预言经济危机的"末日博士"鲁比尼（Nouriel Roubini），曾将2009年举行的二十国集团峰会（Group of 20，简称G20峰会），称作中美两国主导的"G2"峰会。

现在美国主动"让贤"，将中国捧为"世界第一大经济体"，不但会让俄罗斯、印度等"金砖国家"心里不舒服，认为中国何德何能坐上世界霸主之位；非洲、亚洲等发展中国家也会感到中国与大家不在同一阵线，利益不再一致，容易对中国产生"羡慕嫉妒恨"的心理，这无疑将让中国陷入"寡助"的局面。

第三，也是最重要的，那就是美国希望将中国高高捧起后，令中国飘飘然，以削弱中国的崛起。

不知道读者有没有意识到，随着中国经济的快速发展，众多中国民众产生了"暴发户"心理。这种心理香港民众在20世纪七八十年代曾有过，那就是大把花钱希望外界看到自己富起来，更加不能容忍外界用轻视或者不尊敬的眼光看自己，有了这种"暴发户"心理之后，就容易产生不容轻侮、目中无人（别国）的自大、自满。

可能读者会问，这种自大、自满有危害吗？有，而且危害非常大。苏联、日本正是因为中了西方的"捧杀"陷阱才开始衰落的。以日本为例，日本在20世纪80年代初，由于经济快速发展，欧美不但将其捧为"世界第一"，还说要向日本学习先进经验。

在第二次世界大战战败后抬不起头的日本人何曾受到如此高规格的赞美、礼遇？因此，日本开始过度自信和自满起来，以致"傻乎乎"地签订了"广场协议"，让日元汇率两年内暴升超过一倍，结果造成楼市、股市出现大泡沫，最后泡沫破裂，导致日本经济衰退20年。我认为，日本经济未来还要继续衰退20年。

看到这，请读者告诉我，中国要重蹈日本的覆辙吗？

更重要的是，美国给中国戴上这顶"世界第一"的高帽，还是为了要求中国肩负更多的"大国责任"，说白了就是要求中国做"冤大头"，答应或者承诺做出一些需要付出沉重代价、超出能力范围之外的举措，从而削弱中国的实力。

例如，美国一直表示中国应该身先士卒，照顾小国，负上"顺差国责任""债权国责任""储蓄国责任"以及"碳排放国责任"等大国的责任，以此要求中国牺牲一些利益，加快人民币升值，进一步开放国内市场尤其是金融市场，多些进口、少些出口，遵守高标准的碳排放规定等。

其实，作为世界经济强国的欧美诸国，要担负以上的责任都非常吃力，何况是人均国内生产总值排在八九十名的中国？中国当然需要负国际责任，但最好是量力而为，如果强行背上所谓的"大国责任"，无疑会增加中国企业的成本，滞碍经济发展，削弱中国崛起的能力。何况，中国内部也有不少发展问题亟须解决，把更多精力用在内部才是正道。

宠辱不惊，直面"捧杀"

面对美国的多次"捧杀"，中国政府已经可以做到以宠辱不惊之心面对美国的吹捧和包围，同时也会以"高筑墙，广积粮，缓称王"的策略，继续推动中国经济发展。

对于部分已有"暴发户"心态的国人而言，大家应该明白的是，中国要成为经济强国乃至世界第一大经济体，以国际的标准而言，经济总量只是其中一环，更重要的是要真正拥有国际上的影响力乃至文化、价值观的输出能力，这种"软实力"才是制胜之道。

此外，作为一个有大国风范的国民，大手大脚花钱炫富、自大自满心理非常不可取。正所谓"满招损，谦受益"，国人要获得国际社会的真正认可、尊重，要懂得《道德经》所言"江海之所以为百谷之王者，以其善下"（将自己放得越低，越谦卑，反而越能赢得别人的尊敬）的道理。

大家也必须清晰地认识到，虽然中国正快速崛起，但无论是政治、军事、经济、科技和社会等基础都还比较薄弱，整体实力其实与美国仍有明显差距。

研究过去500年帝国兴亡史的美国著名历史学家保罗·肯尼迪（Paul Kennedy），在他的著作《世界强权的兴衰》（*The Rise and Fall of the Great Powers*）中指出，一个帝国的衰落主要是因为经济出现严重衰退，加上军事过度扩张，社会、政治出现重重问题。美国目前并没有出现这种情况，美国在未来数十年仍将是世界霸主，中国要崛起仍然有非常漫长的道路要走。

因此，读者除了要看穿西方国家尤其是美国对中国"捧杀"的意图外，还应该更加谦虚、谨慎、不亢不卑，尽全力做好自己的事业，这才是对中国经济最有利、最有贡献的做法。

为什么说美国比中国多了两个心？

尽管美国2014年以来一直高谈阔论他们有意引导QE政策退场，乃至在2014年年底正式结束QE政策，却从不曾针对这项政策可能会如何冲击其他国家发表只字片语。

美国这种以邻为壑、不顾他国生死的"黑心"做法，已引发国际社会群起斥之。

除此之外，美国比中国还多了一个心，到底是什么心呢？

美国总统奥巴马2014年4月访问亚洲，不少舆论将奥巴马的此次行程解读为美国又在"秀肌肉"，再次向世人强调美国才是全球影响力最大的国家。

不过有人却认为，中国现在才是全球最具影响力的经济体。这不是我在自吹自捧，而是西班牙第二大银行毕尔巴鄂比斯开银行说的。毕尔巴鄂比斯开银行在2014年4月的一项最新研究结果显示，根据"世界市场影响力"指数，中国是全球最具影响力的国家，紧跟其后的是美国和德国。

中国的老话说"能者多劳"，既然中国的实力强了，影响力大了，责任也应该随之增加，国际社会已有不少声音呼吁中国要起带头作用，以拉动新兴国家乃至全球经济向前。不过，在这里我要说句长他国志气灭自己威风的话，中国在过去、现在和未来很长一段时间内，都不会是引领新兴国家经济发展乃至全球发展的火车头。西班牙的银行这么说，读者当成奉承话听就是了，千万别当真。

那谁才是火车头？答案很简单，还是美国。请读者注意，我下这样的定论，并不是要刻意抬高美国，贬低中国，而是由于美国比中国多了两个心，所以美国能行，中国不行。可以说，新兴国家乃至全球大部分国家的经济，成也美国，败也美国，和中国实在没有多大关系。

美国够"黑心"，中国的心不够黑

英国已故首相丘吉尔（Winston Churchill）大概是第一个提出QE政策的政要，他在数十年前就指出："在经济政策领域里，证据缺乏、所凭有限，却投放如此多的资金，可谓前所未见。"（Never in the field of economic policy has so much been spent, with so little evidence, by so few.）

但是，把QE政策发扬光大的却是美国。2008年为了应对全球金融危机，美国推出首轮QE政策，这虽然导致热钱充斥全球，但也确实稳住了全球金融市场免于崩溃，各国对美国的首轮QE政策都能谅解。不过，美国随后的第二轮、第三轮QE政策，则是明显以邻为壑。美国企图通过大印钞票，吹胀各国尤其是新兴国家的经济泡沫，以拉动美国出口与经济，这种"黑心"的行为是损人利己的。

美国大印钞票引发热钱大量流入新兴国家，导致新兴国家形成了诺贝尔经济学奖获得者克鲁格曼（Paul Krugman）所说的"投入驱动的增长模式"，一旦投入撤出，经济泡沫将随即破灭。

正如克鲁格曼预测，2014年初美国启动退出QE政策程序，一度导致资金纷纷流回美国，新兴国家股市动荡不安，经济受到了严重冲击。虽然新兴国家在2014年3月一反颓势，再度吸引大批国际资金涌入，与此同时，3月中旬迄今，最能代表新兴国家股市表现的摩根斯坦利国际资本公司（Morgan Stanley Capital International，简称MSCI）所编纂的新兴市场指数也已高涨近7%。但是，在这里我要告诉读者，新兴国家的经济实际上似喜还忧。其实股市这波反弹背后，新兴国家的经济基本结构并没多大改善，带动这波反弹的主力是前所未见的资金失血潮终于结束了，游资转换投资目标，再次涌入新兴市场炒作，由于这些游资往往来得快去得也快，一旦财报季结束，新兴市场这波反弹也会随之告终，多数新兴国家2014年的经济增长率仍难逃逐季衰退的命运。

随着新兴国家经济的每况愈下，大多数人已经相信，游资是救不了阿斗国家的。但从中我们可以看出，QE政策会带给新兴国家哪些影响，或是后续新兴市场增长减缓对全球又将产生何种反作用力，美国在做决策当初是没有一并考虑的。更令人震惊的是，尽管美国2014年以来一直高谈阔论他们有意引导QE政策退场乃至在2014年年底正式结束QE政策，却从不曾针对这项政策可能会如何冲击新兴市场发表只言片语。

美国这种以邻为壑、不顾他国生死的"黑心"做法，不但国际社会群起斥之，就连不少美国人也看不过眼了。当代最知名的经济学家之一、美国斯坦福大学教授约翰·泰勒（John B. Taylor）就因此指出，美联储谈论退出QE政策之后出现的市场动荡生动地表明，任何中央银行退出此类干预在本质上是多么的困难。这不是沟通问题，而是政策问题，它导致了巨大的不确定性。

相对于美国的"黑心"到底，中国则是善良多了。在2014年初新兴国家的货币竞相贬值之时，中国仍坚守了人民币汇率的稳定。很多读者可能觉得很奇怪，为什么中国要这样做？因为各国货币竞相贬值无疑等同于输出衰退，这必将加剧日益紧张的全球贸易关系，可能触发各国为求自保的贸易保护主义。很少有读者知道，造成20世纪30年代全球经济大萧条的主要肇因之一正是贸易保护主义盛行，这对目前已陷衰退的全球经济而言是不能承受之重。

中国正是不愿见货币贬值战爆发，冲击全球经济，因此始终坚守人民币汇率稳定。即使近期人民币汇率出现贬值，也只是为了扼杀游资流入中国资本市场套利的势头，以及扭转投资者的有关人民币只升不跌的预期。这和美国那种只顾自己不顾他人的做法是截然不同的。

美国富有野心，中国的野心不够

可能很多读者不知道，美国为了其野心，经常是说话不算话的。美国国会在2014年2月再次拒绝同意关于IMF的份额改革方案。虽然这项方案原本只带有象征性意义，也只是首尔G20峰会达成的一项协议，主旨是为了调配国际货币基金组织各项资源以及提高新兴国家的地位。

请读者注意，长期以来，IMF一直控制在少数几个发达国家手中，尤其是控制在IMF的最大股东、唯一拥有否决权的美国手中。随着近年来新兴国家的逐步崛起，新兴国家普遍希望获得更多的发言权和独立性，这个要求是合理的。美国当时也同意这项改革，因为全球金融危机爆发导致欧美国家经济衰退，需要新兴国家向IMF提供更多资金，以维持IMF的运作。但是随着美国经济复苏，其对这个改革又反悔了。因为美国为了维护其在国际金融市场上的霸权地位，除了长期占据世界银行行长之位外，对IMF也不愿意放手。

　　读者可能会问，为什么美国不愿意放手？

　　美国当然不会告诉读者真实原因，但被誉为美国近代最优秀的财政部长、前财政部长罗宾（Robert Rubin）则在他的回忆录《在不确定的世界：从华尔街到华盛顿的艰难选择》（*In an Uncertain World: Tough Choices from Wall Street to Washington*）中透露了。罗宾在书中表示，二十多年前面对墨西哥、东亚与俄罗斯等金融风暴时，美国政府大都是通过IMF、世界银行向爆发危机的国家提供援助，但美国有前提要求，就是这些国家要接受援助就必须推行美国提出的政策，接受美国的价值观。

　　可见，新兴国家如果爆发危机、缺钱，主要求援的对象是IMF和世界银行，而美国又是这两个国际金融机构的实际决策者，要想得到援助就须听美国的话。在这种情况下，请问美国为了能够在国际金融市场长久维持霸权，会放开对IMF和世界银行的控制权吗？

　　除此之外，美国野心的另一体现是千方百计维护美元的长久霸权地位。早在2008年全球金融海啸期间，美联储、欧洲、加拿大、英国、瑞士和日本的中央银行曾达成一项临时的美元互换协议（Dollar Swap Arrangements），当时这项协议的动机只是为解决外国银行短期内的美元短缺问题，以应付金融海啸的袭击，但如今，美国要把临时协议落实成永久性协议。

根据这份协议，美联储可以随时为上述被指定优待的五间外国中央银行提供美元，此举形同承认美元在国际金融市场上具有独一无二的地位。国际银行大都倾向以美元借贷，因此只要把这份互换协议永久化，多数外国中央银行在非常时期也能够提供美元给自己国内的银行，美国就可凭此将在国际间的"最后贷款人"（Lender of Last Resort）功能国家化。简而言之，国际间唯一能紧急供应美元流动的唯有美国，唯有美联储，别无分号。对其他国家而言，只有美国想给你美元，你才有美元，美国不给，你抢不了。

美国的这些做法就像《笑傲江湖》里的东方不败，希望以此一统江湖、千秋万代，其野心已经表露无遗。相比之下，就目前而言，中国的野心不大，无论是在上海合作组织（简称"上合组织"）、准备设立的金砖四国银行上，还是在清迈双边货币互换协议（Chiang Mai Initiative）上，中国都很有"奉献"精神，甚至是愿做"冤大头"。我们固然可以将此解读为中国是为了韬光养晦，以吃亏来多交朋友，但反过来说就是中国的野心暂时没有美国的大，还当不起这个头。

看到这，相信读者应该了解到，即使美国恢复不了"以美国为首，全世界以美国为轴心"的辉煌时期，国际社会进入了"群雄崛起"的时代，但由于美国的"黑心"和野心，"全球最具影响力经济体"这顶桂冠还是戴在美国头上更为合适。这就正如美国著名经济学家扎卡里·卡拉贝尔（Zachary Karabell）所说："美国军力在未来几十年内仍然举世无双，即使不以军事优势增强国势，美国支配的另一个支柱则是，不管未来美国经济怎样，都能跟全球资本与资本主义新中心共享空间。"

美国监管部门欺负中国企业？

2014年年底美国退出QE政策后，相信在未来一两年时间内，投资机构做空中概股的行为还会持续，美国监管当局对中概股的严厉监管、严厉审查暂时也不会停止。

为什么美国监管当局要如此针对中国企业呢？

近年来部分在美国上市的中国企业被爆出假账丑闻，美国证券交易委员会（US Securities and Exchange Commission，简称SEC）在调查一些中国概念股（以下简称中概股）账务是否涉嫌造假时，认为四大会计师事务所"刻意"不提供相关审计文件，因此对其作出惩罚措施，裁定将暂停四大会计师事务所的审计资格半年。四大会计师事务所对此提出上诉，表示事务所要遵守《中华人民共和国保守国家秘密法》，无法提供文件给SEC。

事情在2014年6月突然峰回路转，有报道称，SEC日前披露的一份文件显示，四大会计师事务所与SEC将就可能的和解协议进行协商。外界估计这不但有助于双方最终达成和解，更令中概股的审计危机出现了转机。

莫非太阳要从西边升起了，SEC竟然准备放过中国企业，超过三年的中概股审计风暴将要结束？

在这里我要告诉读者，持上述观点的人实在是太乐观了。四大会计师事务所已上诉，司法诉讼程序仍在进行当中，因此之前的裁定才暂时没有生效。另外，如果四大会计师事务所的审计资格真的被暂停，将造成100家中资企业暂时无法在美国股市交易——影响太大了，SEC才不得不多加考量。

我认为，中概股审计风暴危机还远远没有结束。更重要的是，美国SEC近年来的所作所为表现出，其"欺负"中国企业的劲头很足，所以短期内结束审计风暴的可能性很小。

为什么要这样说呢？当中至少有以下几个原因。

其一，美国监管部门已经有意"一竹竿打翻一船人"。从2011年开始，由于一些中概股涉嫌财务报表造假，在SEC的严厉打击下，逾50家在美国上市的中国企业退市，超过40名相关人员被控涉嫌欺诈罪。

咱们中国人常说，苍蝇不叮无缝的蛋。SEC虽然已经把有缝的"蛋"处理掉了，但对无缝的"蛋"也想叮一叮，遂把目标对准了其他两百家左右的中概股，要求有关的会计师事务所提供这些中概股的审计文件。

SEC的做法让外界有些意外。可能部分读者不清楚，赴美上市的企业共有三拨：第一拨是在20世纪90年代中期的保险、能源和电信领域的中国国企；第二拨是极具竞争力的如百度、携程等中国大型私企；第三拨则是一些中小民营企业。而大部分出现造假问题的是那些中小民营企业，但SEC却把范围扩大到所有中概股，无疑是"一竹竿打翻一船人"。

尤其让人警惕的是：部分中国国有企业的财务审计数据，可能涉及国家机密；中国私企尤其是互联网企业的审计数据，则可能涉及中国的大数据。所以，SEC这次要查看中概股的审计文件，其醉翁之意，相信聪明的读者们应该猜得到。

其二，美国对己宽、对人严。无论是美国的监管机构，还是中国的监管机构，对上市公司的造假行为都是不能容忍的。中概股爆出涉嫌财报造假事件后，美国做空机构开始了做空中概股浪潮，导致中概股遭大幅抛售，投资者利益受损。这引来了美国监管机构SEC的调查，并严惩了造假的中概股公司，相信大家都认为无可厚非，十分支持。

不过，如果深挖细节，我们可以发现美国的公司也脱不了责任。自中国国企、部分实力强大的民营公司在美国上市后，市场对中概股出现疯狂需求，导致美国各大投行、私募基金和会计、审计机构，纷纷深入中国寻找到美国上市的候选民营企业。

美国的这些机构（尤其是投行们）一方面把中国经济高速增长的概念注入这些民营企业，再经过多次粉饰、包装，让其成功在美国上市；另一方面协助中国民营企业通过反向并购方式，以避开SEC的全面资格审批，迂回进入美国资本市场。

投行、私募基金等机构通过这两大方式，协助中国民营企业尤其是部分暂时不符合条件、粉饰严重的民营企业到美国上市后，时机一到，就高价退出，获利非常丰厚。

然而，正因为这些机构的刻意包装，导致中国民营企业的很多概念都是依靠无形资产来支撑的，等到这些被粉饰过的中国民营企业被揭发有问题甚至被做空后，中概股受尽千夫所指，而对其进行包装、从中获利的投行等机构的责任却没有被深究。

　　在这里要请读者们思考一个问题，那就是以大家对我国民营企业的了解，除了部分中概股确实存在财务作假的行为外，许多在美国上市的中国民营企业的问题，会不会有因为无知、对美国证券市场规则不熟悉，而听任美国的投行等机构对其粉饰、包装的成分呢？相信读者们都有自己的看法。

　　所以，难道美国SEC会不了解当中的猫腻吗？那为何最后受惩罚最重的却是中国企业呢？除了美国实行的标准不一外，我是想不到其他的理由了。

　　实际上，美国对己宽、对人严的例子还有不少，例如美国的会计制度就有值得商榷的地方。不知道读者有无发现一个现象，那就是自从美国政府在2009年修改美国会计准则后，美国本土的企业很少有实质性的破产。

　　为什么会这样？归根到底是美国对本国企业的宽容。按照美国最新的会计准则，企业负责人可以自由选择是否在财务上承认还没有实现的损益。

　　打个比方可能会更容易了解。例如，你投资了价值100元的商品，但现在该商品的价格跌到70元，这意味着你亏损了30元。但美国修改了会计制度之后，只要你打算长期持有这个商品，就可以不承认自己亏损了30元，在做账的时候，仍然可以100元入账，表示这个商品的价值是100元。

美国政府这样做实际上是让企业在清理资产负债表上，可以争取到宝贵的时间，至少在账面上不会出现亏损的情况，更加不会出现破产。

其三，美国希望继续主导国际金融市场秩序。从市场规则的技术层面分析，对于资本市场的运作，每个国家都制定了相关法律，都有独立的司法权。按照《中华人民共和国保守国家秘密法》和《中华人民共和国档案法》规定，由于审计文件可能涉及国家机密，审计机构需要在中国有关部门同意后，才能将此类文件转交给境外机构。

但是美国监管机构却挑战中国的司法独立权，认为SEC有权依照美国法律允许的方式寻求调阅文件。也就是说，美国的法律可以管中国的事，能够要求中国提交美国想要的文件。

在遭到中国的拒绝之后，美国还曾要求和中国签下协议，让双方有权审查两国会计公司的审计工作。虽然该协议表面上很平等，但实际上，目前在美国上市的中概股约有两三百家，却没有一家美国企业在中国上市，这种协议一旦签署，等于是单方面开放了美国审查中国会计公司的审计工作。

美国这种不合理的要求实际上体现了美国希望继续在国际金融市场秩序上呼风唤雨、唯我独尊，对作为世界第二大经济体的中国颐指气使。

美国退出QE政策后对美国资本市场带来的冲击有多大，暂时难以估计。在这种情况下，相信国际资金更愿意投资美国本土的上市企业，以求稳扎稳打，而不大愿意让资金冒险流向已陷入信任危机的中概股。

美国退出QE政策对中概股实在不是什么好事，投资机构更加会利用市场的疑惑心理对中概股进行"鸡蛋里挑骨头"式的唱空、买空获利。不难预计，在这种不太友好的氛围之下，中概股未来的股价震荡难免。

因此，在2014年年底美国退出QE政策后的这一两年时间内，投资机构做空中概股的行为还会持续，美国监管当局对中概股的严厉监管和审查暂时也不会停止。

看到这，相信读者已经明白我为什么会说美国监管部门SEC对中国企业不公了。

不过，正所谓"祸兮福之所倚，福兮祸之所伏"，这对于已在美国上市或者寻求到美国上市的中国企业而言，乃至中国监管部门而言，虽然不是好事，但也不是太坏的事。

中国企业尤其是中小民营企业将被迫认清，在"走出去"过程中，只有加快学习包括美国在内的国际资本市场的规则，进行自我提升，中国企业的国际化程度才能进一步提高，企业的整体水平才能进一步提升，届时才能应对外国的挑战。

中国监管部门则应该在金融改革上多下功夫：一方面，让条件符合的企业能在A股成功上市；另一方面，趁此机会仔细考察准备"走出去"的企业，尽量避免部分不合格的企业到美国上市，以致其他赴美上市的企业信誉连带受损。

同时，中国监管部门还应进一步加大与国际证监会组织（International Organization of Securities Commissions，简称IOSCO）的成员国签署多方协议，通过加强各国相互之间的执法效果，解决跨境监管的协作问题，保护投资者的利益，为国际投资者提供更宽阔的渠道，以便其投资中国这个发展非常快速的经济体，分享中国经济稳步向前所带来的红利。

第二章

欧洲篇：欧洲的QE政策，会引发欧美货币战争吗？

美国退出QE政策，欧洲却在明知QE政策是毒药的情况下，依然饮鸩止渴地推出QE政策。欧洲到底有何难言之隐呢？

欧洲推出QE政策，不但会再度引发欧债危机，还会把欧元推进坟墓。这是为什么？

更为严重的是，欧洲推出QE政策后，欧洲和美国不但将爆发货币战争、金融战争，欧洲与美国的关系还将愈行愈远，欧洲第一大国德国甚至会"去西方化"。为什么会出现这种情况？

欧洲经济越来越糟，欧美关系直线转差。中国能否渔翁得利？

美国要退出QE政策，为什么欧洲还要继续印钞票？

欧洲中央银行推出的欧版QE政策虽然在短期内可起到增加市场信心、刺激资本市场的作用，但从中长期来看却为欧债危机的爆发乃至欧洲的社会动荡埋下了更大的定时炸弹。欧洲为什么要冒险推出QE政策呢？它到底有何苦衷？

欧洲中央银行在2014年6月初公布了令全球市场大呼意外的讯息：除降息、实施负存款利率外，同时还暂停为买债冲销、再推超低息贷款，更表示欧洲版的量化宽松政策将推出。

不少读者可能会觉得奇怪，在美国准备于2014年年底退出QE政策之际，为何欧洲中央银行反其道而行之，大印钞票，几乎用尽手上可以动用的"子弹"呢？

虽然欧债危机最坏的时刻已经过去，但欧元区国家实际还躺在病床上，还需要深度医治。这当中至少包括三种"病"：

一是通货紧缩风险。欧元区从2013年起开始出现低通货膨胀，2014

年5月的通货膨胀率从4月的0.7%降至0.5%，远低于2%的目标，通货紧缩阴霾日益浓重。大家爱说通货膨胀猛于虎，其实通货紧缩更猛于虎。通货紧缩往往会带来经济衰退，欧洲中央银行希望通过更宽松的货币政策抬高通货膨胀率。

二是欧元汇率高升。2013年，欧元汇率整体处于强势的趋势，欧元对美元汇率上涨约6%，严重冲击欧元区的出口。欧洲中央银行此次大印钞票的目的是想拉低欧元汇率，增加出口。

三是经济复苏乏力。欧元区2014年一季度国内生产总值环比仅增长0.2%，意大利、荷兰的经济更陷入负增长。要救经济，欧洲也需要动用更加宽松的货币政策，增加企业的投资和民众的消费。

宽松政策或如泥牛入海

虽然欧洲中央银行这次看起来已经祭出绝招，但在这里我必须告诉读者的是，这样做的实际用处其实并不大。欧洲中央银行突如其来的动作，虽然可以暂时增强市场的信心，降低美国在2014年年底结束QE政策后上调利率的疑虑，也有利于全球资金持续宽松，增加对包括中国在内的新兴市场的投资，短暂利好股市、黄金价格，但是对欧元区医治"三种病"的效果并不明显。

一方面，欧元区利率原本已经处在0.25%的超低水平，再降至0.15%，只是量的变化，而非本质的变化，实际产生的效果不会太大。

何况，外界早已经预期欧洲中央银行会降息，因此，欧洲中央银行的政策只能带来短暂的刺激作用，中长期而言，政策效果会不断递减乃至如泥牛入海。

另一方面，欧州中央银行推行负存款利率，对各银行存放于欧洲中央银行的资金征收0.1%的利息，希望以此把钱赶出央行，增加银行给企业的贷款，以促进经济发展。但是，银行要给企业增加贷款，主要有利润、风险偏好和流动性偏好的考虑，由于对经济前景的信心不足，贷款给企业的坏账风险不能低估。因此，即使钱被赶出来了，银行可以拿这些钱投资国债、贵重金属等变现性高的保本资产，并不一定要冒险贷给企业，实体经济可能仍难受惠。

加之推行更加宽松的货币政策，对挽救金融危机虽然有效，但在刺激经济方面效果不佳，无论是美国的QE政策还是日本的QE政策，都证明了大印钞票是吃力不讨好且会产生不少后遗症的措施。

所以，这里要请读者回答一个简单的问题，那就是美联储、日本中央银行的QE政策，都无法对经济产生强大刺激，欧洲中央银行是否能成功呢？如果真的这么厉害，欧元区的经济问题、债务问题早就已经解决了吧？

QE政策埋下更大炸弹

欧洲中央银行这次的做法可以用一句欧洲谚语"柠檬榨出柠檬汁（Make lemonade out of lemons）"来形容，也就是尽量让其实很糟的情况看起来稍好一点儿。它们所推出的QE政策是想让市场有憧憬，制造欧洲中央银行有信心、有能力救经济的假象，希望市场再给予更多的时间，估计它们自己都不相信凭借这些措施就能完全解决欧元区的问题。

然而，就像大家常说的"出来混，总是要还的"，欧元区国家过去挥霍过度，已经掏空了体制，如今想借QE政策解决问题，那是妄想。只要欧元区国家不能有效地降低政府开支、减税、减少高福利政策、提高就业率、维护社会稳定和选民们团结一致支持政府削债，就很难改动一些拖慢经济增长的措施，难以走出困境。

更为严重的是，欧洲中央银行的负利率政策乃至欧版QE政策，还会把欧元区国家往火坑里推，很有可能再次引发欧债危机，届时包括中国在内的全球金融市场也将难免受到冲击。

这是我在危言耸听吗？当然不是，我至少可以列出两个理由来支持这一看法。

其一，极宽松的政策会让各国政府对紧缩政策更加敬而远之。这里应该向读者介绍一个典故，就是紧缩（Austerity）这个词，出自希腊语（Austeros），意思是严酷、剧烈。而该词在德语中则为Sparprogramme，仅指一个由政府技术官员制订的节约计划。

含义的不同，本身已经显示出欧元区各国对紧缩政策的态度。一些深陷债务危机的欧元区国家如希腊、葡萄牙等国，要减少债务，政府必须削减开支、增加收入。这才是解决之道。但是，如果政府削减开支、减少投资，就会造成企业经营困难、失业率高升乃至通货紧缩现象。这又会让经济变差，使政府的收入减少，更难还债，容易陷入开支越缩、经济越差、债务越重的恶性循环。

因此，不少欧元区国家对推行紧缩政策是左右为难，尤其对钱从何处来，更是巧妇难为无米之炊。但是，如果欧洲中央银行实施更宽松的政策，大印钞票，待市场上资金充裕了，一些欧元区国家很有可能千方百计地捞取这些多印出来的钞票，依靠这些"容易钱"，而非依靠勒紧腰带、缩减开支的"辛苦钱"来还债。

在这种情况下，这些国家就更加缺乏动力去推行紧缩政策，进而很可能会出现拆东墙补西墙的恶性循环，债务将会越滚越大，债务危机再次爆发的风险也会逐步提高。

其二，印钱只为买时间。欧元区国家通货紧缩风险加剧，经济复苏无力，老龄化问题严重，很有可能会患上"日本病"。日本在上述问题长期纠缠不清之下，经济一路走在"迷失N年"的雾霾中，这个N是10年、20年，如果问题没有解决甚至可能是30年、40年……

更严重的是，即使日本债务严重、经济衰退，日本失业率也很少超过4%（当前仅为3.6%），但欧元区国家的失业率则是灾难性的12%。尤其是西班牙和希腊，失业率高达约30%，青年失业率则接近60%，而且数据还将持续上升。

失业率过高将随时引发严重的社会问题，加上政府债务依然沉重，欧元区各国的决策者要想暂时延迟这些风险爆发的时间，至少使其不在自己任上引爆，唯有大力倚重欧洲中央银行的超宽松政策。如果政策成功，功劳将属于决策者；即使失败了，成本也大可以"集体化"。

在该情况下，决策者自然愿意又早又快地追求这一政策，并且比他所需要独自承担责任时更大手笔。

但是，这种印钱只为买时间的方式，只会令社会矛盾、债务问题越积越大，若是稍有不慎，就会引发更大的问题，对欧元区国家乃至全球各国造成更大的冲击。当今国际最富影响力的著名经济学家之一、美国加州大学伯克利分校教授艾肯格林（Barry Eichengreen）对此早已警告："今天欧洲社会动荡风险，远高于20年前的日本。我们无法预测示威抗议会在何时或是何处发生，但迟早会爆发。"

　　简而言之，欧洲中央银行此次推出的负利率政策以及将推出的欧版QE政策，虽然短期内可起到增强市场信心、刺激资本市场的作用，但中长期来看却是为欧债危机的爆发乃至欧洲的社会动荡埋下更大的定时炸弹。在我看来，这正像法国文豪夏多布里昂（Chateaubriand）所言："一件事在发生之初，如果不是奠基在道德和正义上，最后的结果总是会与预期相反。"

欧元将被欧版QE政策亲手埋葬

> 欧洲版QE政策不但会引发欧洲的债务危机、金融危机和经济危机，而且一些欧元区国家在危机爆发后，不是寻求如何解决问题，而是寻求如何离开欧元区。市场上已先后出现希腊、荷兰等国"脱欧"之说，例如希腊把"脱欧"叫做"Grexit"、荷兰则叫"Nexit"。这些国家"不靠谱"的作为更会将欧元送入坟墓。

欧元作为世界第二大国际货币，一直是人民币国际化进程中学习的榜样之一。外界普遍认为，由于美国有"既生瑜，何生亮"的情结，为了维护美元的世界霸权地位，美国会想方设法把欧元"灭掉"。

这种看法是有一定道理的。但是，读者们请注意，仅凭美国的力量，想"灭掉"欧元其实很难。因为随着美国实力的下降，美元地位已逐渐下降，国际市场对于改变美元拥有"嚣张特权"（Exorbitant Privilege）这一国际货币秩序的需求很强，因此需要欧元与美元相抗衡。

而且，欧元背后的德国、法国、意大利和荷兰等欧元区国家也不是美国想捏就捏的软柿子。在这里，我要告知一件大家可能想不到的事，最后把欧元"灭掉"的不会是美国，而是欧洲自己。

正如西方人常说的"堡垒是最容易从内部攻破的（The easiest way to capture a fortress is from within）"那样，欧洲中央银行推行的负利率乃至欧洲版QE政策，将亲手把欧元逐步送进坟墓。

为避免战争才设立欧元

为什么我会下这样的结论呢？我们首先从欧元出现的原因说起。欧元是在1992年为建立欧洲经济货币同盟，根据《欧洲联盟条约》确定的。1995年12月，欧盟正式将新货币命名为"Euro"（欧元），目前在德国、法国、意大利、荷兰等欧盟国家流通，这些国家也被统称为欧元区国家。

过去不少专家、学者认为欧盟之所以要设立欧元，主要是因为使用统一货币有不少好处。例如可以减少各国之间货币转换的成本，同时，统一货币之后，欧元区各国之间就不会再有汇率风险，有利于扩大贸易，提升经济效益。

加上通过欧元这个统一的货币，欧元区国家的金融市场可以整合为一体，以使各国的金融中介机构与投资流程更加有效率。而且，即使爆发危机，欧元区实力较弱的成员国，也可以在规模较大的欧元区这把"保护伞"之下对抗危机的摧残。

不过，这些专家、学者说的其实只是经济上的好处。在这里我要告诉读者一件鲜为人知的事，那就是欧盟之所以要设立欧元，最终的目的是为了成立政治联盟，避免欧洲再度爆发战争。

可能读者没有留意到，欧元符号"€"，其实来自于希腊字母"Epsilon"，代表欧洲文明的根基，"€"中的两个横线，则象征欧元乃至欧洲的稳定性。过去经常爆发战争的欧洲，为了避免内部战争再度爆发，渴望寻求能够把各国绑在一起的事物。最后，他们选择了欧元，希望货币能把各国绑在一起。

对此，德国前总理科尔在带领20世纪90年代初期美国驻德国大使参观总理官邸时，充满感情地说："法国和德国士兵的鲜血曾洒在所有的土地上，欧洲战争史在推动单一货币上发挥了重要作用……"

这让欧元承载了非常沉重的使命。可以说，欧元不仅仅给欧元区国家带来了经济利益，更是一张"止战符"。不过，欧盟的想法虽然是好的，但是实现很难。

无合众为一，无货币统一

美元之所以成功，取决于美国50个州的"合众为一"，以及拥有单一政治体系、单一民族、共同语言这些先决条件。与美国不同，欧元区国家有18国之多，这种"多样统一"，就像由不同民族和文化组成的拼图，要使欧元区各成员国像美国的50个州这样团结一致、行动一致，暂时是难于上青天的。

欧元区国家缺乏真正的政治联盟，没有单一的政治体系，这将影响货币联盟和单一货币的持久性。荷兰货币历史学家凡图尔（Wim-Vanthoor）曾指出，当货币联盟附属于一个政治联盟的体系，货币联盟背后的种种势力转移至一个超越国家的体制之下，货币联盟才可能永续发展，不会开倒车。

当然，可能会有读者认为，欧洲历史上不是没有出现过成功的统一货币。早在19世纪初期，德国联邦还是由39个独立的邦国组成的时候，各邦国虽然拥有各自的货币，但除了普鲁士这个邦国外，其他各自为政的邦国既弱小又落后。

为了改变这种落后现象，发展各邦国之间的贸易，各邦国先是进行关税同盟。其后，在1848年，经济实力强大、在金融领域占据绝对优势的普鲁士中央银行，接管了大多数邦国的货币政策，推出了统一的货币联盟。在统一货币之下，加上普鲁士王国首相俾斯麦推行"铁血政策"，1871年各邦国政治统一，德意志帝国建立。

在德国的货币统一远早于政治统一的成功经验下，欧元区试图萧规曹随，通过欧元打造一个统一的欧洲政治联盟，以拒绝战争再度爆发。但是，由于现代欧洲各国推行的民主制度，实际上就是普罗大众通过选举选出一些平常的男女，让这些男女在既定的规则下，领导大家一段时间。这种情况就像法国著名经济学家索尔曼（Guy Sorman）所描述的那样，欧洲领导人趋向平常化的趋势，伴随着"显而易见的远见和战略缺失"。

当今，欧洲不但没有一个国家是由强硬或者魅力型领导人在领导，事实上也不可能有一个地区能做到像俾斯麦当年打造普鲁士一样，实行强权甚至"铁血政策"。因此，欧元区国家希望效仿两个世纪前德国联邦这种先货币统一，再政治统一的方式，在今天是行不通的。

况且，不少欧元区成员国只想要好处，不想承担责任。

正如一个硬币有两面，欧元带来了好处，自然也带来了不少坏处。例如，希腊、葡萄牙等欧元区弱小国家，凭借欧元区的保护以及在欧元区的担保下，大量举债，过度创造信贷，不但导致通货膨胀，经营成本节节上升，削弱了国际竞争力，更引发部分成员国政府债台高筑，出现庞大的政府赤字，从而促使了欧债危机的爆发。

更让人意外的是，欧债危机爆发之后，一些欧元区国家不是寻求如何解决问题，而是寻求如何离开欧元区。市场上先后出现希腊、荷兰等国"脱欧"之说，例如希腊把"脱欧"叫做"Grexit"、荷兰则叫"Nexit"。

一些成员国甚至还列举了不少"脱欧"的好处。例如在上文提到的荷兰，就有研究报告称，"脱欧"一是可以让荷兰政府、中央银行不再受限于欧洲央行，重新自行实施符合本国利益的财政、货币政策；二是可以自行规划本国的经济刺激政策，不用再考虑给欧元区其他成员国带来的通货膨胀或通货紧缩的风险；三是不再使用欧元作流通货币，重用昔日的荷兰盾（Guilder）后，荷兰政府可自行决定汇率的升值和贬值，以此增加外贸出口，推动经济发展。

部分欧元区成员国这种"人人为我，我也只为我"的"不靠谱"行为，不但让不少欧元区成员国的国民质疑，是否值得为其他成员国而奋斗，慷本国纳税人之慨，为"好吃懒做"的"穷亲戚"承担庞大的成本，更令欧元区开始出现"无组织""无纪律"的趋向。这无疑是将欧元区这一货币联盟推向悬崖。

只懂拖延，没想解决问题

欧元区国家只懂用宽松货币政策拖延问题的爆发。尽管出现了上述危机，欧元区的动荡很可能将持续，但欧元区各国却几乎没有采取什么实质性的补救措施，例如改善成员国的经济结构、恢复财政政策的长期持续性、重建货币联盟的体制架构等，以使欧元可以更加持久地保持下去。

短视的欧元区各国政府，反而选择逃避问题，只希望通过负利率、欧版的QE政策这些方式，将问题掩盖，留给有智慧的欧洲下一代领导人去解决。但是，欧洲的大印钞票措施，只会导致欧元区积累的问题越来越多，最终成为欧元的"催命符"。

我认为，如果上述情况持续，未来五年内欧元将不再是欧元，很可能先分裂成"欧元甲""欧元乙"。经济实力强大、债务很轻的成员国如德国、法国等使用"欧元甲"，经济实力弱小、债务严重的成员国如希腊、葡萄牙等使用"欧元乙"。部分债务情况严重者如希腊、葡萄牙、荷兰等欧元区成员国，如果情况继续恶化将退出欧元区，重新用回本国货币，欧元区将面临分崩离析的风险。

而无论是使用"欧元乙"，还是重新使用本国货币，均会导致曾以欧元计价的上述国家的资产与负债，在转换为本国货币或"欧元乙"的过程中，出现罔顾其他金融工具的欧元价值的情况。这将摧毁资产负债表，引发全球金融震荡，包括中国在内的世界各国都将不可避免地受到波及。

在这里还必须告诉读者，欧元区出现这种乱况，也正好说明了部分专家、学者鼓吹亚洲成立"亚元"的不可行性。政治联盟不统一，亚洲也很难统一货币联盟，我相信在我有生之年很可能看不到了，我只能嘱咐我的孩子们："王师北定中原日，家祭毋忘告乃翁。"

QE政策有多吓人？瑞士人不敢要"最低工资"

> 欧洲版QE政策所带来的风险，欧洲国家中不是没有清醒者。瑞士政府由于看到欧洲版QE政策将令欧洲国家陷入"政府开支越减，投资就越少，失业率就越高，消费就越萎缩，政府税收就越低，债务就更难解决，经济就越差"的恶性循环，因此不愿意推行"最低工资"。

瑞士在2014年5月中旬曾就是否设立最低工资进行公投，引发了国际社会的极大关注。公投的结果让各国民众大呼意外，竟然只有24%的瑞士民众投赞成票，高达76%的人投反对票。

反对率这么高，实在让人好奇，难道瑞士民众和钱有仇，不愿意加工资吗？可能很多读者不了解，瑞士并非欧盟、欧洲经济共同体或欧元区的成员国，因此瑞士极少有来自外国的劳工，其企业员工基本上是本国人，肥水并不会流入他人田。尽管如此，瑞士民众竟然也不愿意"自肥"，这当中到底有什么玄机呢？

为什么瑞士人不通过最低工资公投

在这里我要告诉读者，瑞士人不通过最低工资公投，至少有以下几个中国读者并不了解的原因。

原因之一是受惠最低工资的人不够多。可能很多读者认为，公投是一件非常大的事，但在瑞士民众眼中，公投却是一件极其寻常的事。采取直接民主制度的瑞士，每三个月就会公投一次，民众只要收集到超过10万份的联合署名，就可以就任何议题进行具有约束力的公投。

这次就薪酬设限而举行的公投，实际上是瑞士这一年半时间以来的第三次公投了。提出此次公投议题的瑞士最大工会，声称由于物价越来越高昂，作为发达国家中少数没有设立最低工资的瑞士，应该设立最低工资。同时，它们指出，最低工资可以令33万人、占全国10%的劳动人口受益。

公投就意味着全民进行投票。既然提出公投最低工资议题的SGB都说只有10%的人受益，那么，没有受益的90%的劳动者的态度，自然就不言而喻了。

原因之二是民众将未受其利，先受其害。瑞士此次的最低工资标准将时薪定为最低22瑞郎（约合人民币151元），月薪定为最低4000瑞郎（约合人民币2.76万元）。这个水平不但是全球最高的，而且是世界最大经济体美国的最低工资的3倍以上，也是欧洲最大经济体德国计划推行的最低工资（时薪8.5欧元）的2倍以上。

面对如此高水平的最低工资，创造2/3就业职位的瑞士中小企业将面临严重的经营成本负担。为了保持全球竞争力，这些中小企业很可能会为了节省成本，被迫削减全职员工的数量，改为多聘请兼职员工。这将造成失业人数增加，民众收入下降。

对于这个问题，美国经济学家、加州大学教授诺伊马克（David Neumark），曾在其著作《最低工资》（*Minimum Wages*）中指出，最低工资上升与失业率上涨呈正比例关系，在年轻就业者和低收入者中尤为明显。例如在最低工资水平较高的法国，2013年15~24岁青年的失业率高达24%；而最低工资水平明显较低的美国，其青年失业率则为16%。

另外，实施最低工资还有附带效应，那就是最低工资提高后，其他人的薪资也必须水涨船高。只有如此，企业才能吸引、奖励工作表现比较优秀的员工。如此一来，企业的经营成本会进一步增加，而且加薪员工交的税也会被迫增加。

或许读者不清楚，作为"从摇篮到坟墓"都有着完善社会保障制度的高福利国家，瑞士的个人所得税率并不低，加之除了税种多以外，不仅联邦政府，就连各州及乡镇也有权独立征税。瑞士还对所得税实行累进税制，民众收入越多，需要缴纳的税收份额也就越高，收入位于税率"临界点"的部分人所缴纳的税还可能会高于加薪的金额，这无疑会严重挫伤员工的劳动积极性。相信这种事情如果发生在读者身上，您也不会愿意吧？

原因之三是瑞士政府要未雨绸缪。这次最低工资的公投，瑞士政府也是一大反对者。为什么瑞士政府要反对？也正是担心最低工资会增加企业、社会成本，损害出口竞争力，进而破坏经济的增长。

过去几年在欧债危机的冲击下，瑞士的出口已遭受影响，经济虽然不至于伤筋动骨，但还是有所受损。而且，美国将在2014年年底完全退出QE政策，到时将会给包括瑞士在内的全球经济带来多大冲击，目前仍难预料。

加之，欧洲经济仍陷于衰退危机之中，欧洲已经表明，为了振兴经济，将继续大印钞票，推出负利率、欧洲版的QE政策。然而，这些举措能不能帮助欧洲诸国摆脱"政府开支越减，投资就越少，失业率就越高，消费就越萎缩，政府税收就越低，债务就越难解决，经济就越差"的恶性循环，也是未知之数。

因此，为了抵御多个外围因素可能带来的冲击，尤其是欧洲版QE政策所带来的冲击，瑞士政府很有先见之明，反对设立最低工资，选择保护出口竞争力以及减少政府的各项支出，以保持经济的增长。

在上述原因之下，瑞士关于薪酬的公投议题再次以失败告终。

最低工资药效不大

瑞士这次反对设立最低工资不是单一现象。美国总统奥巴马主张，将联邦基本工资从5年前的每小时7.25美元提高到10.1美元。这个升幅超过9%的议案在2014年5月初也遭到了美国国会的反对。

对此，相信很多读者会提出更大的疑问——难道大幅上调最低工资或者设立较高水平的最低工资，不能在通货膨胀逐年上涨的情况之下解决贫富差距扩大的问题吗？而且，最低工资的标准越高，民众的收入就会越高，这不也可以增加消费、促进经济发展吗？

确实，我们必须看到，从保护弱势群体的角度出发，设立或上调最低工资有其必要性。但是，在这里我要告诉读者的是，设立较高标准的最低工资或者大幅上调最低工资水平，实际受惠的只是那些剩余劳动力（Surplus Labor），而无法有效解决整个劳动市场上所面临的整体低薪问题。那是因为如果最低工资定得低于市场均衡工资（Market Equilibrium Salary），企业会以市场均衡工资聘请员工，最低工资就没有什么实际作用了；而如果最低工资定得高于市场均衡工资，就会造成上文中所说的那样，企业为了节省成本，缩减招聘员工甚至是裁减员工，令失业率上升。

　　这种情况的出现，正如古书《淮南子》中所言"爱之适足以害之"，想要帮助弱势群体，结果却是害了他们。

　　加之，通货膨胀与设立或调高最低工资之间的关系非常矛盾。到底是物价先上涨了，再设立或调高最低工资，以维持购买力；还是设立或调高最低工资，导致生产成本上涨，引发物价随之上涨呢？这就如同在问"先有鸡还是先有蛋"的问题。

　　那么，如何做到既可以保障底层民众，又能提升他们的购买力，还能促进经济发展呢？专门研究贫富悬殊和收入不公问题的法国著名经济学者皮凯提（Thomas Piketty）给出了答案。

　　皮凯提在他那本被诺贝尔经济学奖得主克鲁曼赞誉为"将是今年且可能是十年内最重要的经济学著作《二十一世纪资本论》（*Capital in the Twenty-First Century*）中指出，要提升低收入工人的购买力，应采取大力投资教育和科技、加强培训提高技能、改革税制等措施。

　　皮凯提言下之意是应协助产业升级，提高企业的全球竞争力，并通过教育提高民众的职业素质和能力，营造较好的投资和经营环境，以振兴经济。经济发展了，民众的收入自然也就增加了。皮凯提的这套理论，相信不但适用于西方国家，也适用于中国，非常值得那些希望保障底层民众者、追求高额最低工资者们深思。

欧洲推出QE政策，将导致欧美货币战争？

> 欧洲推出QE政策，除了"自残身体"外，还因为欧洲的QE政策与美国离心离德，将引发美国的打击报复。欧洲与美国的关系不但越来越恶化，德国甚至还准备"去西方化"。更为严重的是，因为欧洲的QE政策，欧洲与美国最快将在几个月内爆发"货币战争"。
>
> 欧美"开战"，对中国而言是会"殃及池鱼"，还是会"渔翁得利"呢？

2014年，在中国国务院总理李克强赴英国、希腊访问前夕，欧洲频频释出善意。法国前财政部长、现任IMF总裁的拉加德在英国发表演讲时，甚至不惜公开放话，表示随着中国的经济实力越来越强，可能考虑将IMF总部从美国的华盛顿迁至北京。

不过，读者可能不大清楚的是，拉加德这番话其实跟中国没有多大关系，主要是因为IMF多个重要成员国包括欧盟在内，都批准支持IMF的配额改革计划，但美国却屡次阻挠，引发了IMF许多成员的强烈不满。

当然，不满归不满，目前要将IMF总部搬到北京是非常难的：一是按照IMF"总部设在最大配额国家"的规定，美国仍是IMF最大会费配额国家；二是因为美国在IMF拥有一票否决权，完全可以直接否决IMF将总部迁往北京的提案。

看到这里，相信不少读者会好奇，既然明知不可为，那为何拉加德说出如此一番话，当中又有何玄机呢？

欧美可能爆发三大冲突

在这里要告诉读者的是，欧盟国家对美国的不满可谓"冰冻三尺，非一日之寒"。现在的欧美关系早已是"面和心不和"，而且还有越来越恶化，甚至爆发冲突的趋势。因此，欧盟很有必要提前"扬华抑美"，以争取中国未来的支持与合作。

这是在耸人听闻吗？当然不是，欧美之间未来很可能会爆发以下三大冲突。

其一，QE政策退场可激发货币战争。欧美最快在几个月内就会爆发"货币战争"。这场货币战其实早在2014年6月初就已拉开序幕了。阅读过前文的读者应该已了解到，在美联储准备在2014年年底退出QE政策之际，欧洲中央银行却反其道而行，除降息、实施负存款利率外，更推出欧洲版的QE政策。

欧洲中央银行如此豁出去大印钞票，当中一个重要原因就是希望将欧元对美元的汇率从目前的约1.35降低到约1.27的舒适区（Comfort Zone），以增加出口。出口关系到欧洲的经济命脉，只有出口快速增长，才能促使欧洲经济复苏，将欧洲从债务危机的泥淖中解救出来。

增加出口的想法是好的，但实现起来难度却不小。现代的国际贸易已远非古典经济学家李嘉图（David Ricardo）所说的"以棉花换葡萄"那样简单。况且大家必须注意到，欧美生产的产品同质性非常高，两者之间早已不像过去那样互通有无，而是互相抢夺市场。

因此，要想增加出口，压低欧元汇率几乎成为了欧洲唯一的选择。在这种情况下，请读者告诉我，欧洲让欧元贬值以增加出口，抢夺美国的出口份额，美国会乐意吗？尤其是随着美联储在2014年年底退出QE政策，美国也想通过压低美元汇率来增加出口，为经济"保暖"。

所以，欧洲中央银行出手干预汇市，美国自然也将针锋相对。随着美联储在2014年年底退出QE政策，美国为了确保出口优势，必将通过金融、经济等各种手段，进一步干预美元汇率，使美元贬值，以促使出口增长。届时，欧美货币战很可能就此展开。

其二，欧美金融战一触即发。除了汇率战外，欧美还很有可能爆发更大规模的金融战，互相遏制对方金融机构在各自国家的发展。

美联储近期已经通过了在美外资银行的资本规定，标准与本国银行看齐。由于在美国开展业务的欧资银行众多，意味着欧资银行在美国的运营成本将大大提高。

表面上看，美联储此举是师出有名的。因为早在2008年全球金融危机全面爆发之后，美国推出的QE政策不但拯救了本国的金融机构，也拯救了所有在美国开展业务的外资金融机构，尤其是欧资机构。因此，此次美联储计划提高在美外资银行的资本要求，就是希望提高在美国有业务的外资银行的抗风险能力。这样即使美国退出QE政策，外资银行也不会再出现周转不灵的问题，无须美国拯救。

但是，如果深入分析则会发现，美联储此举是一记狠招。为什么这样说呢？一方面，将在未来两年实施的这项针对外资银行（主要是欧资银行）的资本新规定，会逼迫部分欧资银行为了达到新要求而减少在美国的业务。这样不但会导致营业收入和利润下跌，欧资银行腾出来的业务地盘也自然会被美国的银行抢占。

另一方面，欧资银行为了满足新要求，要么不得不把大量资金从欧洲转移到美国，要么被迫将资金留在美国本土保留盈利。也就是说，即使欧资银行在美国赚到大把钞票，也很难再转回欧洲。

因此，美联储的这项新规定，无疑是为了保护美国本国金融机构，削弱欧资银行在美国的竞争力。对此，不但包括德意志银行、巴克莱银行在内的欧资大银行强烈反对，欧盟负责银行监管事务的专员巴尼尔（Michel Barnier）更表示，不能接受美国这个"带有歧视性"的措施。他扬言欧盟将会拟定相似法规，采取报复行动限制美资金融机构在欧洲的发展，这场金融战争很有可能一触即发。

其三，欧美政治摩擦越来越大。读者如果还抱着一贯以来的观念认为欧美是"同穿一条裤子"的，那就错了。欧美的政治摩擦已经越来越多，美国与欧洲尤其与欧盟主要国家德国、法国的分歧在不断扩大。

以往美国还很财大气粗的时候，经常指挥欧洲一帮"小弟"到世界各地打击对手。而如今，随着美国大不如前，加之欧洲的发展也已经不太需要美国的保护和支持，美国再想像以前那样，让欧洲当"马前卒"，自己继续坐享其成，已经很难了。

例如，乌克兰危机爆发后，美国虽然连续对俄罗斯实施多轮制裁，但效果有限，并不能逼俄罗斯就范。美国希望联合欧盟加重对俄罗斯的制裁措施，但由于欧洲在俄罗斯的利益比美国大，如果加重制裁俄罗斯，欧洲将损失更多。因此，欧洲虽然口头附和，但行动却相当迟缓，导致美国一直未能如愿。

美国并没有刻意掩饰它的恼羞成怒。美国国务院主管欧洲事务的助理国务卿努兰（Victoria Nuland）与驻乌克兰大使派亚特（Geoffrey Pyatt）通话时，甚至按捺不住地骂起粗话，从而引发欧美之间的外交战，更将欧美之间的不和展现在世人面前。（具体内容详见后文）

再如，为了遏制俄罗斯的崛起，美国计划重振北约组织，不但强化了驻欧军力部署，还要求欧洲增强军力，将欧洲军费开支由目前平均为GDP的1.5%增至2%，这也招致欧盟的抵制。众所周知，在欧债危机的袭击下，欧洲经济已经遍体鳞伤，目前欧盟各国正打算积极裁军，好将更多资金用在经济发展上来。

此外，美国与欧洲第一大国德国的关系也越来越疏远。由于德国与美国在地缘战略取向、价值观念取向上不一致，德国更加不愿意盲从美国。美国对此耿耿于怀，对德国小动作连连。在两国政要层面，近来爆出德国总理默克尔致电美国总统奥巴马，对美国情报部门监听她的手机一事表示了强烈不满。

在民间，美国民众对德国民众的敌意也在增加，对德国极尽讽刺之所能事。例如，近年美国有一本名为《自食恶果：欧债危机与新第三世界之旅》（*Boomerang:Travels in the New Third World*）的畅销书，作者刘易斯在书中表示："德国人都很擅长跟非德国人处不好。"他更讽刺："德国人喜欢靠近大便，但又不能置身其中。"刘易斯的理由是，德国人爱用大便作比喻。例如形容德国人很有钱的话，就叫做"Geldscheisser"（金钱大便人），而德国人如果发现自己处于恶劣的情况下，则会说："Die Kacke ist am dampfen！"（热腾腾的大便还冒着烟呢！）

刘易斯还不是最夸张的，美国著名人类学家邓迪斯（Allen Dundes）甚至在他的作品《生活就像鸡寮里的阶梯》（*Life is like a Chicken Coop Ladder*）中挖苦道："干净和肮脏的组合正是德国民族性格的一部分，清洁干净的外表和形式，污秽肮脏的内在和内涵。"

德国民众则厌恶美国式的忙碌、贪婪、敛财，希望德国可以重新定位，开始"爬行式的去西方化"（Creeping de-westernization），从西方世界区隔出来，更加重视文化、灵魂、自由和艺术。两国民众的分歧，也导致德美愈行愈远。

因此，随着观念、追求的不同，加上实力此消彼长，美国已经力不从心，欧盟难免会离心离德。在美国的指挥棒越来越不灵的情况下，相信欧美不咬弦的情况会越来越多，摩擦也将逐渐扩大。

欧美失和，中国或得益

美国与欧洲盟友之间已经面和心不和，严重的可能还会爆发冲突。这对中国而言，并不一定是坏消息，甚至反而可能是好事。因为欧洲与中国一没有地缘政治的冲突，二没有领土的纠纷，三则中欧贸易潜力依然巨大。

如果欧美爆发冲突，很可能导致欧洲进一步倚重作为世界第二大经济体的中国。中央高层或许也敏锐感受到了其中的变化，仅2014年前半年，习近平、李克强两大领导人已先后赴欧访问。中国与欧洲的合作若能取得进展，不但有利于打破美国独霸的世界格局，也可让中国突破美国的包围圈，更有利于各国打造多极世界，为中国的发展营造更加良好的国际环境。

乌克兰乱局是欧洲与美国的经济利益之争

虽然欧洲推出QE政策，希望拯救经济。但是，如果欧洲内部或欧洲外围国家如乌克兰爆发战争，无疑将冲击欧洲的经济表现，令欧洲QE政策药效大减。

而美国却希望乌克兰越乱越好，只有如此，美国才能"一石二鸟"，不但可以间接打击欧洲经济，还能让欧洲越来越依靠美国。

乌克兰乱局自2013年11月起一发不可收拾，在2014年更骤然生变，该国继罢黜前总统亚努科维奇后，再对其签发逮捕令。乌克兰政局剧变，导致俄罗斯准备增兵乌克兰克里米亚，以保护其在乌克兰的利益。俄罗斯此举随即遭到欧盟、美国的强烈抗议，美国在2014年3月初更威胁称要制裁俄罗斯，同时也暂停了与俄罗斯的军事合作。

对于乌克兰突然"变天"，欧、美、俄三方纷纷插手乌克兰事务的主要原因，大多数的分析认为：一是由于乌克兰西部亲欧人士与该国东部、南部亲俄派之间的亲欧或亲俄路线之争；二是因为作为前苏联加盟共和国的乌克兰，其地理位置位于欧俄之间，战略位置非常重要，早已将乌克兰视为禁脔的俄罗斯的黑海舰队就停泊在乌克兰南部克里米亚，是俄罗斯抵御欧美的重要屏障。何况，在卧榻之侧，俄罗斯也难容欧美鼾睡。

此外，对于欧美尤其是美国而言，控制乌克兰，建立亲欧美的政府，是阻止俄罗斯东山再起的杀手铜。

虽然上述因素都言之有理，但是，如果揭开这些因素的面纱，我们会发现经济利益才是牵动乌克兰乱局，欧、美、俄角力的主要肇因。可以说，乌克兰是成也经济，败也经济。

经济差，民心思变

乌克兰内乱是由于经济困局。我有同事在2013年前往乌克兰旅游后，认为乌克兰的消费水平在东欧国家中是非常低的，例如，在乌克兰首都基辅乘搭地铁，全程都是一个价，只需不到2港元（1港元=0.8元人民币），不但远远低于香港，比北京还要便宜；在露天咖啡室喝杯咖啡，11港元不到；到四星级酒店吃个豪华自助餐，每人仅需约50港元。

虽然该名同事认为乌克兰的消费水平低，但乌克兰的民众却不这样想。乌克兰政府公布的最新数据显示，该国的人均实际GDP仅为30 953格里夫纳（不到3000美元），排在全球第140名左右，排名比非洲不少国家还要低。在该国众多的民众只有约200美元月薪的情况下，露天咖啡室、四星级酒店自助餐的消费对他们而言是很奢侈的。

乌克兰民众收入低，主要是因为该国经济存在几大痼疾。

首先，乌克兰经济仍以钢铁、金属和化学等重工业为主，未能跟上新型工业化的发展步伐，导致经济逐步下滑。

其次，2008年全球金融危机全面爆发后，全球经济遭受重击导致外需减少，令依赖原料出口的乌克兰大受影响，严重冲击经济表现。

最后，乌克兰外债累累，且信用评级太差，继续发行国债乏人问津，外汇储备又快速减少，已经无力偿还对外的账款。经济变差，企业经营困难，政府税收大减，导致公共财政难以为继，财政赤字更高达GDP的8%，已到达破产边缘，政府更难以投入资金发展经济。

因此，在上述多项经济难题的影响下，乌克兰近年来经济停滞不前，民众生活每况愈下，政府官员贪污腐败严重。所谓穷则思变，经济困境导致乌克兰不少民众怀抱"欧洲梦"。但是，乌克兰政府在2013年年底突然叫停与欧盟签署贸易协议，改与俄罗斯加强关系，此举招致大批民众极力反对，最终引发了亲俄的前总统亚努科维奇遭罢黜。乌克兰政局变天，俄罗斯随即加强军事力量准备介入乌克兰。

欧洲忧乌克兰分裂

欧盟积极插手乌克兰事务，是受经济利益驱动的。

首先，欧洲接近30%的天然气由俄罗斯提供，这些天然气大部分通过乌克兰输气管道输往欧洲，乌克兰政局突变，万一导致该国突然"断气"，西欧天然气的正常供应将受到影响。天然气供应的减少，无疑将给西欧国家的经济、社会带来冲击，严重的将导致部分欧洲国家经济接近"断气"。

其次，欧盟忧虑乌克兰国家分裂将给欧盟经济带来沉重负担。虽然欧洲推出QE政策，希望拯救经济，但是如果欧洲内部或欧洲外围国家爆发战争，无疑将冲击欧洲的经济，令欧洲QE政策的药效大减。

英国外交大臣黑格于当地时间2014年3月1日，强烈谴责俄罗斯拟增兵乌克兰的行动"是对乌克兰主权独立和领土完整的严重威胁"。

英国之所以要强调"乌克兰主权独立和领土完整"，是因为包括英国在内的欧盟非常担心乌克兰国家出现分裂。欧洲一直将乌克兰西部亲欧人士当作牵制俄罗斯的"棋子"，如果俄罗斯的军事介入导致乌克兰分裂成"西部亲欧国家"和"东部、南部亲俄国家"，那么，以农业为主、经济非常差的"西部亲欧国家"，无疑会强烈要求加入欧盟，实现其"脱俄入欧"的美梦，成为欧盟的"儿子"，从而获得欧盟的保护和援助。

乌克兰仅仅在2014年和2015年两年，估计就需要约350亿美元的援助，才能暂时弥补短期的财政缺口，以支付公务员薪资、退休金以及偿还到期的债务。至于乌克兰未来还需要多少资金援助，由于该国政府的财政不够透明，难以准确估算。这对10年前大肆东扩导致内部债权国和债务国之间纷争不断、新旧成员国之间因移民、银行和监管等问题矛盾重重的欧盟而言，则是噩梦。欧盟应该不想再惹麻烦，接收一个负债累累、贫穷和未来会经常伸手要钱的"西部亲欧国家"。

基于这些经济考虑，欧盟自然不想乌克兰成为其"儿子"，而只愿把乌克兰当"棋子"。这也在一定程度上说明了虽然欧盟承诺会向乌克兰提供资金和支持，并会考虑让乌克兰加入欧盟，但乌克兰政府在2013年年底还是叫停了与欧盟签署贸易协议，轻易地倒向俄罗斯的原因。只是乌国不少民众的"欧洲梦"还没到"梦醒时分"，未能看清欧盟的别有用心。

美国希望一石二鸟

美国介入乌克兰事务，同样基于经济利益因素。对于一向以"世界警察"自居的美国而言，世界哪里"不平"哪里就有它，介入乌克兰政局是其必然举措，但当中更暗藏美国的经济考虑。

美国介入乌克兰事务是希望成功扶植该国的亲美政权上台，以达到一石二鸟之效。俄罗斯天然气的主要输出地是欧洲，其供应了欧洲接近30%的天然气，天然气的巨额收入已影响俄罗斯的贸易平衡、经济发展水平乃至国家兴衰。如果亲美的乌克兰政府中断了俄罗斯输往欧洲的天然气管道，那么一来可以极大地打击俄罗斯的收入，冲击俄罗斯的经济；二来美国可抢夺欧洲天然气市场份额。得益于页岩油气的开发，美国在2012年的天然气产量首次超越俄罗斯，开始逐渐挤压俄罗斯的天然气出口市场，加上美国对欧洲的天然气市场垂涎已久，乌克兰乱局则让美国看到页岩油气进入欧洲市场及打击俄罗斯的机会。

俄罗斯要建经贸联盟

俄罗斯要拉拢乌克兰加入欧亚联盟（Eurasia Union），以发展经贸联盟，构建欧亚新帝国。美国前总统卡特的国家安全顾问布热津斯基（Zbigniew Brzezinski）曾指出："没有乌克兰，俄罗斯便不会成为帝国。"这句话有两层意思，一是乌克兰在军事战略位置上对俄罗斯来说异常重要；二是在经贸上乌克兰也对俄罗斯意义重大。

在遭受欧债危机冲击，欧洲经济元气大伤，美国又实施"重返亚洲"战略及关注中东暂时分身乏术之下，俄罗斯在2013年趁机提出了建立以俄罗斯为中心的欧亚联盟，期望在原苏联地区建立经贸联盟，发展和壮大经贸往来，以此促进经济发展，摆脱长期依靠出口石油、天然气发展经济的困局。同时，俄罗斯希望通过欧亚经济联盟发展统一货币计划，这样既可与欧元区相抗衡，又可作为重建新的欧亚帝国的首步。

目前白俄罗斯和哈萨克斯坦已加入欧亚联盟。在俄罗斯呼吁乌克兰、乌兹别克斯坦和土库曼等其他前苏联加盟共和国加入该联盟之际，乌克兰政局突然生变，亲俄政权倒台。如果俄罗斯不介入乌克兰事务阻止其倒向欧美的话，不但乌克兰会投入欧美的怀抱，还容易触发骨牌效应，促使其他的原苏联加盟共和国效仿乌克兰，纷纷加入欧美的阵营，从而导致欧亚经济联盟无疾而终。

中国可渔翁得利

欧美与俄罗斯在乌克兰问题上争论激烈，中国其实有机会渔翁得利。历史经验早已表明，俄美相争，中国往往可左右逢源。同时，乌克兰在欧美与俄罗斯的双重加压下，也很有可能会寻求第三方的帮助，尤其是经贸上的帮助。中国如果通过经贸合作协助乌克兰发展，有机会成为第三方，不但可以得到拓展经贸的回报，还可以通过乌克兰打通通向东欧国家的陆上丝绸之路，推行在欧亚大陆的战略。

读者们则须留意当中带来的投资机遇和风险。乌克兰的乱局以及欧美俄的纷争如果持续，将会导致全球投资者的风险胃纳缩小，投资者转投美元、黄金等避险。因此美元汇价、黄金价格将上涨，欧元、俄罗斯卢布汇价则会下跌，全球股市波动难免，大家进行投资时需要留意。

欧洲大印钞票，欧洲土豪时代到来

欧洲的QE政策并非一无是处，欧洲的大印钞票之举，至少肥了欧洲的土豪，在让欧洲的土豪身家暴涨之余，连他们的兴趣、爱好看起来都比中国的土豪们要"高大上"许多。

欧洲土豪"高大上"与中国经济增速的回落，渐渐打造出新的消费焦点，国际奢侈品纷纷更改经营策略，逐渐忽略中国土豪们的消费需求。

说起中国的有钱人尤其是暴发户，很多读者马上会想到当下流行的"土豪"两个字。最近有媒体报道称，土豪们比较青睐名牌手表、衣物和游艇、飞机，他们为了炫富或者追求享受，往往一掷千金，他们"视钱财如粪土"的行为，不但让中国人咋舌，甚至名声在外。

可能是由于中国土豪们的作风太强悍了，已经深入外国人士的心，导致英国广播公司（British Broadcasting Corporation，简称BBC）在继"大妈"（Dama）、"两会"（Lianghui）之后，又将"土豪"（Tuhao）这个汉语音译词汇做成了报道，该报道还表示，如果"土豪"一词继续流行，可能会被收进《牛津词典》。

BBC的报道虽然听起来有点讽刺的意味，但在这里我要告诉读者，其实不只中国有土豪，欧洲发达国家一样也有土豪。只是欧洲国家的土豪不叫"Tuhao"，其英语、法语的叫法是"Bling"或"Bling-bling"，西班牙语的叫法则是"Blinblineo"，用来形容那些喜欢摆阔、爱穿名牌衣服、戴璀璨珠宝的暴发户。由于"Bling"们早已令欧洲民众印象深刻，因此它比"Tuhao"近水楼台先得月，先一步被收进了《牛津词典》。

欧洲土豪更"高大上"

虽然中外都有土豪，但很多中国读者不知道，中外土豪是不一样的。尤其是欧洲国家为了应对全球金融危机、债务危机以及经济危机，推出大印钞票政策，在让欧洲的土豪身家暴涨之余，连他们的兴趣、爱好看起来都比中国的土豪们要"高大上"许多。

为什么我要这么说？首先，跟中国土豪相比，其实欧洲土豪们更"挥金如土"。美国波士顿咨询公司（Boston Consulting Group）的一份研究报告指出，西方土豪们2013年在奢侈品及服务上的花费，高达1.8万亿美元（约11.16万亿元人民币），该金额相当于中国2013年GDP的1/5，或者全球35亿最贫穷人口的总资产。此种消费能力中国的土豪们真是快马加鞭都赶不上。

此外，在奢侈消费方面，欧洲土豪们"不在乎天长地久，只在乎曾经拥有"。中国土豪们追求的名车、游艇、飞机和奢侈品等这些，都是欧洲土豪们过去玩剩的，他们现在已经慢慢不玩了。

读者们会好奇地问，那欧洲土豪们现在玩什么？答案是他们喜欢玩"奢华体验"，这主要包括：另类旅程（惊险的野外之旅或外层空间漫游）、五星级减肥诊所、艺术品拍卖、独特的餐饮美食、超豪华私人航班等。

欧美土豪们为什么喜欢这种"奢华体验"呢？原因很简单，那就是他们的心态已经由"拥有"转变成"感受"了。对他们来说，生活用品早已经样样不缺，因此更乐意花钱买"体验"，体验那种"曾经拥有"的感觉。毕竟，名牌车、名牌包等奢侈品越来越多人已经买得起了，但参与外层空间漫游或登月之类的活动，却不是人人都可以体验的。

奢侈品牌看轻中国

玩这类"高大上"的体验也是有代价的，那就是费用很高。仅仅是2013年，这类"奢华体验"的消费规模就约达1万亿美元（约6.2万亿元人民币）。相比之下，2013年名牌手袋、名牌衣服的消费规模只有2000亿美元（约1.24万亿元人民币）不到，二者的差距是5倍之多。

我还要告诉读者们一个你们可能难以接受的消息，那就是由于这些欧美国家的土豪的"高大上"趋势，导致国际奢侈品牌已经开始改变策略，瞄准欧美富裕人士的奢华体验市场。例如，路易威登（Louis Vuitton，简称LV）母公司已进军酒店餐饮业，先后花重金购买法国知名白马酒庄（Cheval Blanc）、加勒比海度假酒店，希望转型成为服务供货商。不少国际知名运动品牌也计划推出探险或豪华足球之旅，而不是仅仅生产运动服装、运动鞋。

看到这，中国的读者或许很意外甚至有些挫败感，现实原来这么残酷，在LV的心里，中国的消费者并不是放在首位的。

欧洲的QE政策对我们有什么好处？

欧洲推出QE政策，引发欧洲与美国的争端，除了中国政府可以渔翁得利之外，中国企业、中国的普通民众也能从中受益匪浅。也就是说，欧洲越乱，越大印钞票，中国人越可能从中得利。精明的华人首富李嘉诚，早已估算出欧洲将推出QE政策，因此才作出"撤资"中国、"西进"欧洲之举。

欧洲推出QE政策，对我们这些普通人也是大有好处的，关键是你懂不懂得寻找机会。

华人首富李嘉诚近期连环出售内地和香港资产，同时不断物色、并购海外尤其是欧洲资产，惹来"撤资"传闻。不少外界人士纷纷解读李嘉诚此举的用意，如万科董事会主席王石曾在新浪微博表示："精明的李嘉诚先生在卖北京、上海的物业，这是一个信号，小心了！"以此作为中国房地产市场风险加剧的论据。中国互联网巨头阿里巴巴董事会主席马云则认为："随着时代的转变，属于李嘉诚的时代已经过去了。"

面对外界种种揣测，李嘉诚不得不亲自现身，澄清"撤资"传言。其实，企业资金在不同地区间流动是十分正常的，李嘉诚虽然售卖旗下个别内地和香港地区资产，但并非对两地意兴阑珊，他刚刚斥资买下香港葵涌的亚洲货柜码头，各处项目建设也依然如火如荼，例如位于香港将军澳的大型住宅项目日出康城，第三期建设工程正在热火朝天地进行。

可能很多读者不知道，实际上，李嘉诚此次之所以要出售部分资产，转购欧洲资产，当中至少涉及对于内地和香港因素、欧美因素和自身因素三方面的考虑。李嘉诚此次"西进"所蕴含的深意，也深值希望发展壮大、走出国门以及培养第二代成功接班的中国企业借鉴和参考。

内地和香港：减持"鸡肋"资产

在内地和香港因素方面，目前的许多"鸡肋"业务未能给予李嘉诚合理的回报。李嘉诚此次最刺激外界神经的动作，是一度准备出售已有40年历史的百佳超市，该超市在中国内地有56家门店，在香港地区有270家门店，规模虽然非常庞大，但盈利非常低微，2012年内地和香港两地的毛利率合计不足6%。

李嘉诚旗下的"长和系"（长江实业和和记黄埔），过去20年的资产收益率均超过10%，过去三年李嘉诚从西方国家收购的业务，其年均回报率更超过15%。由于"长和系"目前的融资成本在3%～4%，加上通货膨胀的因素，只有达到15%左右的年回报率，才符合资金成本效益要求。所以，百佳超市不足6%的收益率对"长和系"而言是"食之无味"，因此才一度有了"弃之"的念头。只可惜，或许这样的利润对潜在收购方而言吸引力也不够大，出售计划最后功败垂成。

李嘉诚出售广州西城都荟广场及停车场，同样是出于放弃"鸡肋"业务的考虑。一方面，随着内地淘宝网、天猫网和京东网上商城等购物网站的崛起，中国消费者尤其是年轻消费者到商场购物的消费模式已改变，这严重冲击商场的回报率，导致都荟广场2013年的回报率仅为7%，未能达到李嘉诚所希望的合理回报。

另一方面，"长和系"原本就不太擅长商场经营业务，莫说在内地，即使在香港地区，无论是时代广场、海港城还是太古广场这些著名大商场，都不是出自"长和系"。此外，都荟广场属于"长和系"旗下楼盘逸翠湾的基座商场，"鸡肉"逸翠湾于2011年开售，现已售罄，将"鸡肋"都荟广场善价而沽，是李嘉诚在商言商的上佳选择。

李嘉诚这轮资产减持更是一次典型的"高位减持"。香港经济发展已成熟，未来发展空间缩小，加之面对上海、深圳、台湾等地区的竞争，其制度和区位优势正在逐渐降低。

李嘉诚在未寻找到新增长点时，暂时转移发展重心是必然选择。至于中国内地，国务院总理李克强早已指出，要完成中共十八大目标，在2020年达到全面小康社会，每年经济增长率只需6.8%就够。国家主席习近平出席亚太经合组织领导人会议发表演讲时，也认为中国经济增速达到7%已足够，在未来几年中国经济的增长速度放缓已成为各界共识。

在中国经济增长未来几年放缓的情况下，中国的资产价格是否还有迅速上涨的潜力成为疑问。何况，中央政府实施"限购令"后，中国房地产商一窝蜂转型开发商业地产，地方政府在经济利益的驱使之下，把大量土地改为商用，从而导致中国大城市的商业地产泛滥，甚至泡沫化，也是越来越清晰的事实。

对李嘉诚而言，在中国内地的资产价格仍然处在高位时，出售位于上海陆家嘴金融贸易区的国际甲级写字楼东方汇经中心，以便将资本投入新的、资产价格较低的业务，这既是对中国内地资产价格已经高估的一种判断，也是他奉行"高卖低买"投资逻辑的体现。

欧洲：追寻价值"洼地"

在2008年全球经济危机、2010年欧美债务危机的侵袭下，世界经济呈现出"东盛西衰"之势，欧美经济遭受重击，包括中国在内的亚洲经济却迅猛前进。"东盛"引发了亚洲资产价格高涨，"西衰"则导致欧美资产价格降低，为外界创造了投资欧美的机遇。李嘉诚此时把握时机"西进"，也是为追求利益最大化。

尤其是在债务危机阴霾远未消去的欧洲，除了资产价格较低之外，至少还有两个投资各国的好机会。

第一，欧债危机爆发以来，欧洲不少国家由于债务缠身难于偿还，相继宣布通过将国企私有化的方式来筹资还债，以缓解燃眉之急，如希腊正在推进到2015年出售价值500亿欧元国有企业的计划，意大利和葡萄牙等国也都推出将国企民营化筹资还债项目，形同向外界打开欧洲国家长期封闭的市场大门。

第二，欧盟多国国债高筑，政府必须搏节开支，但政府越紧缩财政政策，就越冲击企业的经营，而企业收益减少又令政府税收减少，从而影响本已增长乏力的经济，债务问题就更难解决，在这个财政越缩经济越差国债越高的死亡螺旋下，欧洲许多企业经营愈趋困难，要被迫变现旗下资产自救。

因此，欧洲在过去两年来出现了大量由卖方发起的并购投资机会。这对业务版图涉及全球50多个国家和地区、在中国香港地区企业中拥有最大国际网络的李嘉诚而言，物色、购买价廉物美的欧洲优质资产，坐等欧洲经济出现周期性回升，投资回报必然十分丰厚，这是一个国际性企业负责人对股东负责任之举。

何况，李嘉诚在欧洲的投资项目，主要集中在供电、燃气和通讯等领域，此类公用事业不但有约15％以上的稳定回报率，而且即使遭受经济危机冲击，也不会受到沉重打击。李嘉诚还可凭借这些优质资产，作为以后重返亚洲市场的跳板，打造进可攻退可守的有利局面。

其实，李嘉诚"西进"也是未雨绸缪、顺势而为。自从前美联储主席伯南克在2013年6月勾勒出退出QE政策的路线图后，资金纷纷撤离亚洲，回流欧美。除了美国投资银行高盛售出所持的中国工商银行股，美国银行全面出售中国建设银行股以便"班资回美"。印度、印度尼西亚和泰国等亚洲国家也遭受外资撤离之苦，如从印度流出的资金数月间已超过100亿美元，导致该国金融市场动荡，经济受到损伤。

由此可见，从亚洲新兴国家暂时撤资的何止李嘉诚？而且，美国即将退市的阴霾已对亚洲经济、金融市场带来冲击，如果美国未来正式启动退市措施，减少购买债券规模甚至停止量化宽松政策，对亚洲的影响更难以估算。

但是，随着欧洲推出QE政策，大印钞票，其对欧洲经济的促进作用，类似中国在2009年所推出的"四万亿"刺激计划，该计划虽然会带来诸多后遗症，但在短期内，无疑将刺激欧洲的资产价格，李嘉诚提早部署投资欧洲，已经抢占了先机。

培育下一个"超人"

许多人没有留意到，李嘉诚本次出售、分拆内地和香港地区资产的一大直接目的，是降低"长和系"的负债。李嘉诚在创业初期经营塑料厂时，曾因债务问题被银行逼债，企业险些破产，此后他在财务方面一直非常谨慎。相较于内地和香港地区不少开发商动辄超过70%的资产负债率，"长和系"负债率一直相当保守，尤其是长江实业的负债率长期低于20%。

当前和记黄埔的资产负债率已经达到32%，短期及长期带息负债约2340亿港元，2015年和2016年两年则有872亿港元债务到期，高于李嘉诚要将和记黄埔的资产负债率控制在25%以下的目标。而且，虽然当前香港地区仍处于实质负利率，但美联储在2014年底退出QE政策，一旦2015年下半年到2016年利率出现上升，债务负担将极为沉重。

因此，虽然"长和系"目前的财政状况并未出现危险，但"长和系"业务广泛，"船大难掉头"，减债必须尽早筹谋，在利率暂未急升前出售业务减债，符合李嘉诚一贯谨慎理财的风格。根据其最近出售的内地和香港地区资产规模，"长和系"已可削减超过1000亿港元的债务。相信李嘉诚未来仍会逐步出售部分内地和香港地区资产，回笼资金，进一步降低负债率。

更为重要的是，年届85岁高龄的李嘉诚正在培养下一个"李超人"。李嘉诚深知，中国内地和香港地区是他的发迹之地和成为华人首富的成功之地，他的长子李泽钜如果继续在内地和香港地区两地深耕，难以突破自己的成就，只能成为自己事业的守成者，外界也会质疑接班者的能力。

所以，在李嘉诚的大力支持、鼓励下，李泽钜转往全球开疆辟土，短短十多年间，"长和系"的业务已涉足全球四大洲，业务涵盖能源、公路、水务、环保等多方面，更成为了英国最大的单一海外投资者，已经深度介入了英国的经济与民生。李泽钜由此成为"长和系"迈出香港走向全球化的功臣，并向外界展现了既能继承父业，又能开拓新疆土的形象。

"长和系"逐步推进的"西进"举措，可以进一步显现出李嘉诚家族的多样性，这不但能提升其在国际社会的公信力，更能在各国政府间左右逢源，有利于"长和系"版图扩张。

虽然不少西方国家、舆论认定李嘉诚与中国政府的关系良好，但"长和系"逐步发展成业务遍及全球、运作顺畅的国际跨国企业后，已成功令西方舆论逐步接受、认同李嘉诚家族的商业诚信，相信"长和系"的运作不会受到任何国家政府的干预。

因此，西方政府对"长和系"到西方国家投资的行为，与中国国企、私企有着非常明显的区别对待，这为李嘉诚家族赢得了投资西方企业的先机。

"长和系"能取信于西方社会，获得中国内地企业在西方国家无法获得的投资便利，这优势让中国政府十分看重。因为李嘉诚家族可充当中国外交上的特殊角色，协助中国购买具战略意义的物资、企业和码头。作为回报，中国政府自然会厚待"长和系"在中国内地的投资。李嘉诚家族由于能在中国、西方国家之间长袖善舞，自然能助力"长和系"在全球范围内发展、扩大。

正所谓"商人有祖国，从商无国界"，李嘉诚虽然出售内地和香港地区资产、转购欧洲资产引发外界种种误读。但是，其中的不少策略深值中国企业借鉴。

李嘉诚灵活融资的经验值得参考。当前中国企业要融资，除了上市融资、对外举债和出售股权，别无长策。但对外举债和出售股权的后遗症颇多，尤其是企业如果要上市融资，会带来企业决策权旁落的巨大风险。

在融资方式上，李嘉诚一贯财技高超，一方面剔除盈利黯淡的业务，获得充裕的现金；另一方面灵活处置和重组企业集团业务，除了拟将屈臣氏分拆上市，李嘉诚更在不断将已开发成熟、增长趋于平缓而又有稳定租金的房地产项目分拆上市，以获得较高估值的同时也便于未来融资。例如，打包北京东方广场上市的"汇贤商业信托"这样的房地产信托融资方式，既能够用高派息吸引到投资者，又不会威胁对上市公司的控制权，这是李嘉诚特别青睐的融资方式。这样实体运营和资本运作相辅相成，对中国民企有着重要的启示意义。

另外，李嘉诚对接班人的培养也值得内地企业家借鉴。中国不少企业的第二代，由于成长时代、接受的教育不同于父辈，因此他们经常在经营理念、发展策略上都与父辈产生矛盾。如娃哈哈集团公司董事长宗庆后的女儿、宗庆后事业的接班人宗馥莉就曾发出"李嘉诚都已经搬出去了，为什么我们以后不可能搬出去"的质疑。

由于父辈的不放心、不放手，中国企业第二代往往不能或者不愿接班。李泽钜从美国斯坦福大学学成归来后，不但年仅26岁就参与和记黄埔并购英国电信公司的项目，李嘉诚更让其出掌新分拆的长江基建，充分培养、发挥李泽钜的经营能力。其后，李嘉诚更支持、鼓励李泽钜"走出去"拓展业务，成功将"长和系"打造成业务涉足全球四大洲的跨国企业。李嘉诚这种培养接班人的策略，或许也应当引起内地企业家的思考。

普通人也能受益欧洲QE政策

可能很多读者不知道，欧洲推出QE政策对我们普通人也是大有益处的。这话不是我说的，而是人民银行研究局首席经济学家马骏博士说的。

我不久前出席了香港一个协会内部的投资研讨，出席的嘉宾主要是香港金融圈及上市公司的高层。由于是闭门会议，大家大多畅所欲言，其中我们都很熟悉的人民银行研究局首席经济学家马骏博士（时任德意志银行董事总经理），就和大家分享了他私人的投资布局。

马博士的投资计划让人有些意外，他透露自己投资了不少艺术品，"中外的艺术品都投，每年应有15%以上的收益增长。眼光好的话，每年可以有20%的增长，就算眼光差，至少也有5%至6%的增长幅度"。

马博士解释自己投资艺术品的原因，主要是欧洲推出QE政策，全球市场资金仍然充沛，而投资对象并不多，加上内地"土豪"们对奢侈品的口味已由钟表、珠宝向古董字画转变。不少内地古董业人士为搜集珍宝作转售，都会专程到香港搜寻并购买古玩，尤其对一些与古代帝王相关的古董特别青睐，因为这些古董有"王气"。

作为预测经济数据奇准、连续5年被美国《机构投资者》（*Institutional Investor*）杂志评为亚洲经济学家第一名、中国分析师第一名的国际投行首席经济学家，马博士的私人投资方向，相当值得大家重视。

同时，马博士还特别推荐了欧洲投资。在欧债危机迟迟未能解决的阴霾之下，不少欧洲国家由于债务缠身，一方面，近年来通过出售国有企业的方式来筹资还债，众多经营困难的欧洲企业也准备"卖身自救"；另一方面，欧洲也推出了QE政策以扶持经济。

对此，除了我在上文提及的拥有香港最强投资研究团队的华人首富李嘉诚在2013年不惜背负"撤资"的骂名，频频购买欧洲便宜资产，以待欧洲复苏，随后香港金融管理局、中国主权财富基金中国投资有限责任公司也跟进踏入英、法等国之外，不少动作慢了一拍的中国内地普通民众，也开始纷纷进入欧洲股市，或者购买欧洲房产作投资。这导致一向鼓吹自由经济，小政府、大市场的英国智库和民众，竟然促请英国政府出台措施，限制非欧盟居民在英国买新房，避免房价高涨。

看到这里，我必须要告诉读者，要想成为未来的富翁，首先要知道富人们在想什么、做什么，只有洞悉了他们的想法、做法，才能站在"赚钱"的阵营里。在大富豪们"吃肉"的时候，我们也跟着"喝汤"，累积更多的财富，成为下一个富豪。

为什么说中国只是欧洲的"甜品"，而不是"主菜"？

> 欧洲深陷债务问题困扰，中国前往投资，可以促进欧洲的经济发展。但是，中国人如果就此头脑发热，认为欧洲很需要中国，那就错了。相反，双方相比起来，中国更需要欧洲，而不是欧洲更需要中国。
>
> 实际上，欧洲最急需的依然是美国能"给口饭吃"，至少是美国在吃干饭时，让欧洲能喝上汤，照顾照顾欧洲的利益。

中国经贸代表团在2014年年初曾与欧洲多国签订了超过200亿美元的经贸大单，以至于不少欧洲媒体把中国经贸代表团称为"财神爷"。

中国向欧洲大撒金钱，加上欧洲部分舆论的客套话，很多中国读者由此产生了"恩主"的心态，以为中国对欧洲很重要，甚至没有中国资金，欧债危机可能解决不了。在这里我要告诉读者，读者若怀有"恩主"心态是很有害的，部分欧洲媒体是由当地华人开办的，有些奉承中国的味道，听听就算了，千万不要当真。

我必须告诉读者一个你所不知道的事实，那就是中国对于欧洲而言，没有大家想象的那么重要。中国只是欧洲的甜品，而不是主菜。相比之下，中国更需要欧洲，而不是欧洲更需要中国。

欧洲最需要的不是金钱

欧洲现在最需要的不是钱。虽然2009年爆发欧债危机后，几个欧元区国家如希腊、葡萄牙等国债台高筑，让人觉得他们很穷。但是，请读者注意，存在危机的只是欧元区的三四个国家，而且，与中国的国富民穷相比，欧洲国家普遍是国穷民富，穷的只是政府，很多民众富裕的很。尤其是欧洲那群善于藏财、不爱出风头、非常低调的有渊源的家族和有实力的名门望族，他们的财富简直是富可敌国。

列一组数据读者看了就会明白。拿这次与中国签订了近100亿美元大单的德国为例，德国2013年的国民积蓄约为3.5万亿欧元，相当于世界第二大经济体中国2013年GDP的一半。在过去20年里，德国政府财政收入逐渐减少，国家财富缩水了8000亿欧元，但德国民众的私人净资产总和却大增，超过4万亿欧元。

所以，欧洲人并不穷，中国资金他们是需要的，但解决不了他们的债务问题。一些中国人前往欧洲大量购买房产，推高欧洲房价，更是惹得不少欧洲人反对。为什么呢？那是因为钱并不是解决欧债危机的办法。IMF首席经济学家布兰乍得（Olivier Blanchard）就曾为此写过一篇"检讨书"。他说，在希腊爆发债务危机初期，IMF给予希腊资金援助，同时要求希腊政府要撙节开支、量入为出，希腊政府照做了，但第二年，希腊的经济更差，债务更严重。

　　为什么会出现给钱债务更重这种情况？在这里我要告诉读者，希腊、葡萄牙、西班牙和爱尔兰等欧洲国家之所以爆发债务危机，主要是因为这几个国家与其他欧元区国家的单位劳动成本之间存在巨大的差异，这个差异为上述五国带来了非常大的风险溢价（Risk Premium）问题，会导致资本向安全国家大量外逃，由于资本不愿在上述五国逗留，才导致政府资不抵债，引发债务危机。

　　由于劳动成本远不如身边的"富兄弟"，相应地上述国家的劳动力投入就会减少，严重损害经济，令欧洲部分国家陷入死亡螺旋。被誉为"新商业周期理论之父"的诺贝尔经济学奖得主爱德华·普雷斯科特（Edward Prescott）曾发表一篇论文《为什么美国人比欧洲人更勤奋？》（*Why Do Americans Work So Much Than Europeans?* ）。他在文中表示，在商业周期中，劳动力的投入只要减少3%，就足以引发严重的经济衰退。而一旦经济衰退，政府税收就会逐步减少，财政收入越差，政府投资金额就越少，反过来又会导致经济的进一步衰退。

　　因此，欧洲国家要解决欧债危机，急需的并不是钱，而是人才。

　　陷入债务问题的欧洲国家，需要的是专门的人才来有效利用、规划和管理资金。对于这点，德意志银行首席经济学家诺伯特·沃尔特（Norbert Walter）曾给出非常具体的建议，认为希腊应该任用来自美国的反腐人员、来自意大利的税收专家、来自德国的私有化专家以及来自西班牙的旅游专家，只要这些专家愿意移民到希腊，提高希腊的技能水平和收入水平，资本就会有信心留在希腊，该国的债务危机就能迎刃而解。

　　沃尔特还认为，如果欧盟的劳动力流动性增大，并能更有效地进行管理，不但债务危机可以解决，欧盟未来10年的经济还能以年均2.5%的速度增长。由此可见，沃尔特的建议和"得人才者方能得天下"的道理是一致的。

美国才是欧洲的救命稻草

欧洲最需要的其实是美国，不是中国。美国在2014年年初开始缩减QE政策后，由欧洲人把控的国际货币基金组织的主席拉加德就非常紧张，多次呼吁甚至是请求美国放缓缩减QE政策的进度。

欧洲为何如此关心美国的QE政策？一是因为美国的货币政策对欧洲非常重要，美国持续削减QE政策会导致大量美国资金从欧洲"班资回美"，欧洲股市、汇市乃至经济在外来资金撤退的影响下，震荡难免；二是因为欧洲自己也推行QE政策，以此刺激经济，在美国缩减QE政策的情况下，欧洲实施QE政策，会导致美元升值、欧元贬值，不利于美国的出口，那么欧洲的QE政策必定会招致美国的大力阻拦、破坏。

所以，在QE政策问题上，我可以毫不夸张地告诉读者，欧洲实际上是在希望美国"给口饭吃"，至少是美国在吃干饭时让欧洲能喝上汤，照顾照顾欧洲的利益，而不是美国自己想什么时候结束QE政策就什么时候结束。尤其是希望美国能不那么快就加息，否则的话，欧洲推出QE政策所印的钱会流向高息的美国套利，而不是留在欧洲推动经济发展，欧洲QE政策的效果无疑会大大减弱。

相比之下，问读者一个非常简单的问题，中国人民银行无论是加息或减息，还是提高或下调存款准备金率（RRR），欧洲或者IMF有没有紧张过？

不但中国的货币政策对欧洲的影响不大，甚至是中欧的贸易对欧洲的影响也没有美国的大。有读者不信是吧？别急，我举个例子你就明白了。

这次中国经贸代表团去欧洲呼吁中欧签订双边自由贸易协议，欧盟的回复是"同意考虑"，欧洲的言下之意是这个协议不急着协商。但另一边厢，欧洲却和美国紧锣密鼓地进行跨大西洋贸易与投资伙伴协议（Transatlantic Trade and Investment Partnership，简称TTIP）的谈判。

为什么两者差别这么大？原因很简单，美国能带给欧洲更大的利益。美国是欧盟第一大贸易伙伴，中国是第二大贸易伙伴。世界贸易组织、伦敦经济政策研究中心的研究显示，如果TTIP能成事，美欧将会成为全球产值最大的自由贸易区（Free Trade Zone，简称自贸区），到时欧盟出口美国将会再增长28%，也就是每年额外赚取1870亿欧元的外汇；美国届时增加到欧洲的投资总额，将是所有亚洲国家总投资总额的3倍，并为欧洲提供大约1500万个工作机会。

看了以上的例子，如果你是欧洲，你觉得美国和中国谁对你更重要？答案不言而喻了吧。

中国要多向欧洲学习

很多读者到现在还没有明白的是，这次中国经贸代表团前往欧洲所购买的产品，例如飞机、高科技商品，绝不是去欧洲"施舍"金钱，而是去买中国自己生产不了同时又急需的产品。

这就好像我肚子饿了，想吃包子，因此出去买个包子吃。难道我可以对卖包子的人说，我买你的包子，所以我是你的财神爷，是你的恩主吗？

因此，我们不得不面对一个很残酷的现实，中国不但不是欧洲的"恩主"，还应该视欧洲为"老师"。除了高科技产品、环保技术外，中国政府推行的政策，需要向欧洲学习的地方太多了。

例如在中国国企改革方面，中国就需要向欧洲学习。欧洲在1957年推出《罗马条约》，虽然在该条约内，煤炭、钢铁和银行等行业都掌握在国家的手中，这和中国当前的情况很相似，但是《罗马条约》还建立了内部市场规则，这一方面可以保证不管是国营还是民营企业，都可在市场原则的环境下经营，另一方面则是对各经济领域进行更多的政府监督，避免出现形成垄断或寡头垄断。

《罗马条约》的成功经验告诉中国政府，国企改革，不是任由市场力量决定的，而是要对经济领域进行更有效的监管、构建更强的监管框架以防止垄断，从而真正地保护消费者，保护市场中的民营企业。

诺贝尔经济学奖得主、美国经济学家罗伯特·福格尔（Robert Fogel），曾在著名的《外交政策》（*Foreign Policy*）杂志上预言，到2040年，中国经济总量将占全球GDP的40%，欧盟则只占5%。虽然届时，欧洲、中国的经济实力很可能像福格尔预测的那样此消彼长，欧洲爆发欧债危机也值得我们汲取经验教训，但是常言道"三代才能培养一个贵族"，中国从一个有钱人成为一个贵族，要走的路还很远。中国应当更多地将底蕴深厚的欧洲视为路途中的导师，而不是想当然地以为中国是欧洲的"恩主"。

第三章

日本篇：上不上QE政策，日本都不行

日本师法美国的QE政策，希望以此拯救已经"迷失"20年的经济。如今，美国退出QE政策，但日本仍然像上瘾似的，对QE政策产生了极强的依赖性，已经离不开QE政策了。

不过，日本即使推行QE政策，仍难以推动经济发展。这是为何呢？更严重的是，日本继续推行QE政策，不但会引发日本金融市场爆发危机，而且会累及全球金融市场，同时还将导致日本与美国的同盟关系走向破裂。这当中的原因又是什么呢？

日本的经济看似陷入死局，其实解决问题的根源还是在日本人民之中，甚至可以说，只有日本女人才能救日本。为什么日本女人拥有这么大的能力呢？

日本的QE政策将引爆日本债务危机

> 日本效法美国的QE政策，但从来没有想过，美国之所以推行QE政策，疯狂印制美钞，是因为世界太平时需要美元，世界大乱时更需要美元，所以美国才敢一再实行QE政策。
>
> 日本的军事、经济实力难以与美国相比，其QE政策的规模却超过美国，这将导致日本机构投资者、日本国民由于不甘心手中的日元持续贬值导致资产缩水，因此不断卖出日本国债，转而投向海外市场。
>
> 可以说，日本推行QE政策是慢性自杀，不推行QE政策是直接了断。日本不管是否推行QE政策，都难逃经济继续"迷失"的命运。

发达国家中谁的债务最沉重？不少读者可能马上想到近年来爆发债务危机的欧洲诸国，但在这里我要告诉读者，债务最沉重的国家其实是日本。

日本财务省（the Ministry of Finance）2014年年初公布的数据显示，继2013年年中日本政府未偿还的国债首度超过1000万亿日元后，2013年年底的国债更高达1017万亿日元，攀升至历史新高。更糟糕的是，日本的总负债额不但超过每年GDP的200%，而且还在与日俱增。

与日本债务的严重程度相比，美国的总负债额与其GDP比例约为98%，即使是爆发债务危机、国家财政已经山穷水尽的希腊、葡萄牙，这一比率也分别只有159%和110%左右。至于经常被国际投资机构"唱衰"即将发生债务危机的中国，其总负债额与GDP的比例更不到60%。

日本债务真的有"三重保障"吗

日本严峻的债务问题，自然引发了国际社会的高度关注。由欧洲掌控、深受欧债危机影响的IMF，在多次苦口婆心提醒日本政府应警惕债务危机未果之下，更狠心以日本国债过于沉重为由，把和自己同一个鼻孔出气的日本评定为2013年全球经济表现最糟糕的五大国家之一，将日本与中非共和国、马拉维、伊朗和马其顿同列。

虽然国际货币基金组织如此"痛心疾首"，不惜得罪日本政府，但不少全球专家、学者仍对日本债务问题持乐观态度。他们的理由有三：一是强大的出口产业，为日本带来丰厚的贸易顺差，使得日本成为一个资本净输入国；二是日本国民喜欢储蓄，令日本拥有了可观的储蓄率；三是爱国的日本人更倾向于在国内进行投资和消费，日本国债超过90%都被国内认购，"内债"可以内部解决。

有赖于上述三大显而易见的日本债务保障机制，不少人认为日本债务问题不大，而且还能不断举债。

表面上看，这种观点是站得住脚的。这也是为何虽然国际评级机构惠誉国际（Fitch Ratings）把日本的信用评级从AA⁻下调到了A⁺后，日本没有爆发债务危机，而同样的情况发生在欧洲一些国家身上却引发了灾难后果的原因。

但是，必须提醒读者的是，实际上这种观点或是"只缘身在此山中"，未能识得"庐山真面目"；或是处于"看山是山，看水是水"的阶段，未能窥其本质。随着全球经济增长乏力，日本人口老化、储蓄率下跌问题严重，再加上日本首相安倍晋三冒进的经济政策，日本的债务问题其实相当危险，很可能成为继美国、欧洲之后第三个爆发债务危机的经济体。

日本债务保障是怎样崩塌的

其一，日本的巨额贸易逆差，已令债务保障体系出现裂缝。

日本作为制造业出口大国，其丰厚的贸易顺差支撑着日本政府的大量举债，但情况已经在2011年发生了逆转，日本在该年出现了1980年以来首次全年贸易逆差，日本国内外震惊。对此，日本财务省安抚各界称，出现贸易逆差的原因主要是能源价格高涨，以及日本爆发大地震导致的出口中断。

然而到了2012年，日本贸易赤字接近7000亿日元，不但连续第二年出现贸易逆差，而且逆差规模创历史新高。2013年的情况更糟，日本在该年的贸易赤字涨至11万亿日元，再度刷新纪录。

日本出口连续三年停滞，日本财务省所解释的原因已经沦为笑柄。日本贸易出现逆差的根本原因是世界经济复苏乏力，不但欧美国家急需依靠大量出口拉动经济，而且2014年以来，因美国逐步退出QE政策，资金撤退遭受冲击的新兴国家除了对外需求减少之外，更希望通过增加出口为经济"保暖"。在各国都希望多出口、少进口的世界贸易新格局下，日本的对外出口已经陷入停滞，贸易逆差未来很可能将逐年上涨。日本的贸易逆差问题，已逐渐把债务保障体系撕开了一个裂口。

其二，日本的本土资金已难再为国债"供血"。

日本政府发行的国债中超过90%由本土资金持有。其中，银行持有42.4%、保险公司持有约20%、公共及退休基金及日本央行总共持有约23%、海外投资者则持有不到8.4%，但日本的本土资金未来要继续大幅购买日本国债，难度已经增加。

一方面，日本高储蓄率已难以为继。日本的储蓄率逐年下降，已经由13.9%递减至2%左右。经济合作与发展组织（Organization for Economic Co-operation and Development，简称OECD）近期更发布报告表示，2013年日本家庭的储蓄率占可支配收入的比例只有0.9%，2014年还降至0.7%，在未来两三年内恐怕还将跌至负值。日本是发达国家之中储蓄率最低的国家之一，仅略优于储蓄率为负的丹麦、芬兰。而且，据日本央行调查显示，日本无储蓄家庭的比例已超过30%，创1963年有此调查以来的最高水平。

另一方面，随着日本人口老龄化问题越来越严重，日本老龄人口增加。日本国债的最大持有者之一、资产约63%由日本国债构成的日本政府养老金投资基金（Government Pension Investment Fund，简称GPIF），正在出售而不是买进所持有的日本国债，以满足日益增加的养老金需求。根据数据显示，在2014年的财政年度，GPIF需要筹集超过9万亿日元以满足其资金需求，以后每年的资金需求都将递增。

看到这，即使我不再说明，读者只要简单总结一下也能知道：随着日本国民储蓄逐步减少，银行存款也会逐步减少，加上不少日本基金开始减少购买国债以及卖出国债，日本政府已经越来越难继续依靠国民融资，债务保障体系被撕开了一个更大的裂口。

其三，日本安倍政府通过激进的货币经济刺激政策，把日债危机推向深渊。这更容易触发金融危机。

可能很多中国读者不了解，国际社会其实对日本并不感冒，经常调侃日本拥有"一流的劳动力、二流的银行及三流的政客"。安倍晋三在2012年年底再度出任日本首相后，为解决困扰日本长达20多年的通货紧缩问题，通过学习美国推行QE政策，即疯狂印钞的方式，以促使通货紧缩转为通货膨胀和推动日元贬值，来达到刺激经济的目的。在西方经济学理论里，增大货币供应量确实可以化解通货紧缩问题以及带来通货膨胀，甚至是引发高通货膨胀。该理论是由美国经济学家、诺贝尔经济学奖得主米尔顿·弗里德曼（Milton Friedman）提出来的。

日本安倍政府照搬弗里德曼的理论，如果能活学活用，那问题倒也不大，甚至有望解决日本长期受通货紧缩困扰的问题。不过，"经"是好的，也要"和尚"不"念歪"才行。安倍晋三希望"速战速决"，尽快解决通货紧缩问题和拉动经济增长，以巩固、延长他的政治地位。这下恐怕是把"经"给"念歪"了。

安倍晋三为达到他的政治目的，不断给日本中央银行施加强大的压力，要求日本中央银行"推进大胆的货币政策"。日本中央银行行长黑田东彦尽管也十分犹疑，但在压力之下，也只好开动印钞机器，展开疯狂的QE政策。

请读者注意，我之所以把日本的量化宽松政策形容为疯狂，是因为同样实施量化宽松政策的美国，过去每月850亿美元（现为650亿美元）的买债规模只占美国国内生产总值的0.6%不到，但经济实力远逊于美国的日本，其买债规模却占日本年国内生产总值的1.4%，该比例是美国的2倍以上。

而且，美国之所以大力推行量化宽松政策，以及拥有长期作为全球最大债券国的能力，是因为在美国超强的军事、经济实力背景下，美元成为世界货币，世界太平时需要美元，世界大乱时更需要美元。故美元汇率才能保持坚挺，美国才胆敢一再实行QE政策，不担心大家不买美国国债。

但是，军事、经济实力难以与美国相比的日本，其QE政策的规模竟然超过美国，引发过去一年多来日元对美元的汇率跌超约20%。日元的大幅度贬值已严重损害市场对日元和日债的信心，持有日本国债超过90%的日本国内投资机构和国民，由于不甘心手中的日元持续贬值导致资产缩水，因此不断卖出日本国债，转而投向海外市场。

日本国债遭受抛售后，日本要吸引投资者购买，只能提高其收益率。日本十年期国债收益率已经由2013年年初的0.4%左右，升至当前的超过0.6%，上涨了约0.2个百分点，由于安倍晋三继续强迫日本中央银行推行超宽松的货币政策，日元未来将进一步贬值，日本国债收益率难免会逐步攀升，这将把日本经济推向危机的深渊。

一方面，日本财政将被拖垮。截至2013年年底，日本国债已高达1017万亿日元，2014年预计高达1800万亿日元，日本政府每年仅为偿债所支付的利息已虚耗近半财政收入，负担已经极为沉重。而日本十年期国债收益率每涨0.1个百分点，日本政府每年利息开支将增加超过1万亿日元，升至1%则会暴增至10万亿日元。如果未来十年期国债收益率升至2%，日本政府的全部财政收入可能都必须拿来支付利息了，日本债务危机随之而来。

而且，安倍晋三即使通过疯狂的大印钞票政策，成功化通货紧缩为通货膨胀，也不能化解债务危机，反而可能激化问题。过去的二十多年里，日本国债收益率虽然极低，但在长期通货紧缩影响下，日债的实质回报还算有吸引力，也因此才被国内机构大量持有。不过，当日本物价开始从通货紧缩转为通货膨胀，如果国债收益率仍维持在接近于零的水平，随着通货膨胀率的上升，国债的实际价值会开始缩水，纵使满怀爱国热情，在收益"负回报"、资产不断缩水之下，越来越多的本国投资者只能选择离开国债市场。这又将导致恶性循环，让日本政府不得不继续提高国债收益率，使政府更加入不敷出。

另一方面，这一举措将引发银行系统危机。当前约八成日本国债由日本银行业持有，日本中央银行早已警告：国债收益率利息如升1%，日本银行业将出现6.7万亿日元亏损，日本的银行一旦出现严重亏损乃至破产，无疑将引发日本金融业危机，甚至波及全球。

如何为日债危机早做准备

对于当前日本潜在的危机，为避免日本危机祸及本国，美国财政部长雅各布·卢已经好心劝告日本："日本的经济优势不能依赖汇率来获得。"与美国财政部长持相同看法的还有国际金融巨鳄索罗斯，他建议："日本抗击通货紧缩应该是与财政刺激配合，以确保货币政策不会增加债务的方式。"

相比雅各布·卢、索罗斯的好心，美国华尔街早已做了日本债务违约的打算，华尔街正在持续买入日本国债信用违约掉期（Gredit Defoult Suap，简称CDS），引发日本CDS价格在2014年年初开始逐步上涨。日本国债CDS价格升高，表示市场认为日本未来信用违约的可能性增加了，显示华尔街已为日本债务危机爆发的那一天做好了准备。

华尔街的"债券保安团"（Bond Vigilantes，为抗议通货膨胀性的货币或财政政策而卖出债券的投资者）更是摩拳擦掌，希望复制两三年前在欧债危机时的战绩，千方百计已逐步将日本国债收益率推高，希望导致日本政府无力偿付债券，引发历史上最大规模的主权债务违约潮之一。

必须警惕的是，历史往往会重演，尤其是世界金融史。20世纪先是美国1987年股灾引发了世界金融危机，紧随其后是欧洲金融危机，最后是亚洲金融危机。这次，"击鼓传花"的游戏又将开始了，先是2007年的美国债务危机引发全球金融风暴，之后是欧洲债务危机。现在，由于日本疯狂的量化宽松政策，使日本经济既难以强力复苏，经济增长率仍在低位徘徊，又导致国债收益率提升，令日本财政愈发紧绌，加上人口老化、储蓄率下跌、财政支出不断上涨，以及唯利是图的国际投资机构，恐怕日本在不久的将来会成为引爆下一次全球经济危机的罪魁祸首。激进的日本首相安倍晋三则将是该轮全球危机的始作俑者。

安倍政府对外不断刺激周边国家，引发紧张局势；对内又推行重启核电站、提高消费税、修改宪法及建立国防军等议题，招致了不少日本选民的怨言和反对。只是当前日本选民对经济复苏过于渴求，因此选择暂时隐忍。

一旦安倍政府继续借制造外部矛盾以转移国内矛盾，却无法推动日本经济增长明显改善，甚至引发债务危机、金融危机等严重后果，必将招致选民、反对党派的强烈批评和反对。届时，如果安倍所在的自民党内部倒戈，做出断臂求生之举，安倍很有可能会步前任菅直人、野田佳彦的后尘，提前结束任期，黯然下野。

日本爆发债务危机的可能性相当大，作为日本国债最大海外持有国的中国，应该未雨绸缪，减持或对冲日本国债，避免过多损失。同时，虽然中国政府的总负债额不到国内生产总值的60%，距离爆发债务危机的美欧国家动辄90%、100%的比例仍远，债务问题总体仍然可控，但中国也应汲取日本的经验教训，避免过多以货币刺激经济的寅吃卯粮的不智之举。

为什么说日本政府是专横政府？

发觉当前的QE政策效果不佳之后，日本政府除了威胁日本中央银行进一步扩大QE政策的规模外，更让人想不到的是，日本政府竟然打起老人养老金的主意，要求养老基金进入股市炒作，以抬高股价，营造资本市场欣欣向荣的假象。

日本政府这种造假行为，只会把日本经济一步步往深渊里推，还容易引发更大的全球金融风暴。可以说，日本政府当前的QE政策实际上是一场不要命的豪赌，不管日本政府是输还是赢，日本老百姓都是输家。

日本首相安倍晋三虽然一直标榜拥有极高的支持率，但多家日本传媒近日的调查赫然显示，安倍政府的支持率已逐渐下降，甚至低于50%，不支持率则逐渐升高。

日本的《日经新闻》、东京电视台在2014年2月下旬的联合调查显示：安倍政府的支持率为56%，比1月下滑1个百分点；不支持率则为

33%，比1月上升了1个百分点。日本朝日电视台的民意调查更显示，安倍的支持率首度不过半，仅为48.5%。

虽然这些调查未必精准，统计过程中也可能出现误差，但与上任初期动辄70%、60%的支持率相比，安倍支持率下降的趋势是明显的。日本国民之所以越来越不看好安倍政府，原因包括安倍在修改宪法及集体防卫权等问题上的独断专行，加上参拜靖国神社、右倾明显，引发周边地区局势紧张，令日本在国际社会上失分。

尤为严重的是，安倍在国内许多政策上的专横，令日本企业、国民乃至政府部门对其的不满持续增加，安倍的支持率在未来很可能持续下挫。

安倍已影响企业运营

安倍损害日本企业业务，威逼企业加薪，令企业不满上升。但日本企业界此前受益于安倍推行的大印钞票政策，因此即使对安倍不满，也看在金钱的份上，选择沉默。但是，最近这种情况出现了改变。

安倍政府不断挑衅中国政府，导致中日争端愈趋激烈。日本企业界对此高度关注，而且更令其忧虑的是，如果中日关系一直陷于僵局，作为许多日本企业主要海外生产基地和主要销售市场的中国，会因为反日情绪的持续高涨，限制日本企业在中国的发展，甚至市场份额也会向欧美国家乃至韩国企业倾斜。

日本报纸《产经新闻》曾对日本122家主要企业进行了问卷调查，结果显示约30%的日本企业认为日中关系的恶化对经营造成了负面影响。日产汽车副董事长志贺俊之更指出："这种问题会影响公司业务。"日本企业对安倍的不满已逐渐发酵。

加上安倍政府为了抑制通货紧缩、达至2%通货膨胀率的目标，以及为调升消费税做准备，除了推行QE政策外，还频频对日本企业施压，多次公开要求企业给工人加薪，以促使工人增加消费，从而提高通货膨胀率。

对企业而言，加薪显然是负担。同时，许多人对"安倍经济学"的功效仍然怀疑。日本共同社的调查显示，有近75%的日本民众对"安倍经济学"为经济带来的提振效果无感。加上美国逐渐退出QE政策对全球经济带来的冲击难以预料，以及能源成本又逐步上升，不少日本企业采取了积谷防饥的方式，不愿调薪。根据路透社的调查显示，日本有高达83%的企业不会加薪。

对此，日本许多工会准备在2014年的"春斗"（日本工人每年在春季时会与企业领导层进行薪金调整的谈判）上与企业摊牌，要求加薪，否则将会罢工。对超过八成的日本企业而言，不加薪是找死，加薪是等死，它们自然会把气撒在安倍的身上。

安倍连养老金都不放过

安倍逼养老基金进入股市，引发退休人士的强烈不满。日本65岁以上的老人多达3186万人，占日本总人口的25%，这些老人退休后，主要依靠全球最大规模的养老基金——日本政府养老金投资基金来维持生活。基金会为了管理超过1.24万亿美元的日本政府养老金投资基金，保证资产的安全，使其避免遭受大幅损失，将约60%的资金投入到了安全系数比较高的日本国债上面。

由于日本的日经指数未能重现2013年的亮丽表现，而且从2014年以来已经下跌了超过10%。为拉动股市上涨，给民众带来财富，以增加消费拉动经济发展，安倍政府竟然打起了养老金的主意，要求养老金投资基金至少将一半资产投入到日本股市，以此来拉高日经指数。

对于安倍政府的施压，养老金投资基金会和不少退休人士表示了强烈不满，其总裁三谷隆博更公开反击称，养老金投资基金不该沦为炒高股价的工具，基金会的工作是以安全有效的方式投资人民钱财，以此保护基金的资产。

日本政府内部已现反对声

对于安倍过度激进的政策，日本政府内部已经出现了异议。作为金融界的外行人士，安倍为刺激经济，不断给日本中央银行施加强大的压力，甚至做出修改《日本银行法》中保障日本中央银行独立性法律选项的威胁之举，要求日本中央银行"推进大胆的货币政策"，言下之意就是要求其继续扩大QE政策的规模。

由于安倍威胁直接接管日本中央银行，日本中央银行行长黑田东彦尽管十分犹疑，但在压力下只好开动印钞机器，展开更加疯狂的QE政策。此举不但容易引发日债危机，严重的还会引发全球的金融危机。

对此，欧美国家表示非常担忧，德国中央银行行长魏德曼（Jens Weidman）更公开声援日本中央银行，表示日本政府对日本中央银行的施压行为是"令人警觉的干涉"。日本中央银行内部也出现了一些异议，如审议委员石田浩二就表示，日本银行在进行经济评估时应该谨慎，日本经济仍将持续复苏。言下之意是日本中央银行不会因安倍的施压在近期内进一步放宽货币政策。

除了日本中央银行内部的异议外，安倍为刺激经济而下调企业税率至25%之举，也引发了日本政府内部的反对。如日本财务省对此警告，如果降低日本企业税负至25%，一方面会减少日本财政收入，阻碍日本财政重整计划；另一方面将刺激日本国债收益率，使其出现飙升，令日本庞大的债务赤字雪上加霜。日本政府的一些部门相继反对安倍的政策，给安倍的施政带来了负面影响。

在日本企业、公共机构、民众和政府部门的不满声、批评声逐渐增多之下，安倍政府的支持率将持续下跌，这更容易引发安倍的下野危机。

安倍政府动用强大的行政手段，推行大规模的QE政策，干预市场正常运作，并借政府之手来影响经济，即使在短期内能刺激经济，但长期而言将给经济带来难以预计的后遗症，很可能得不偿失，甚至引发全球金融危机。

日本的QE政策将令大家遭殃

在这里可以告诉读者，日本继续推行QE政策，甚至扩大QE的规模，日元就会越来越贬值，全球经济风险会越来越高，届时，全球将无奈地陪着日本遭殃。

为什么这样说呢？因为国际对冲基金一直对日元情有独钟，如今日元持续贬值，对冲基金无疑会大举借入廉价的日元，以投资其他国家、地区的回报较高的货币和资产，这将令从日本流出的热钱滥上加滥，首当其冲的将是包括中国在内的新兴国家。在热钱的袭击下，新兴市场的股市、楼市的泡沫将越吹越大。而泡沫总有破裂的时候，泡沫吹得越大，破裂的危害就越大，大家的损失就越惨重。

所以，读者必须记住的是，日本政府当前的QE政策实际上是一场不计后果的豪赌。日本政府如果赌赢了，将给新兴国家的楼市、股市带来越来越大的泡沫；如果赌输了，泡沫会破裂，全球经济所付出的代价会更大。

QE政策救不了日本，只有女人才能救日本

过去二三十年，日本无论是哪个男性领导人执政、推出哪些刺激政策，甚至是推出终极的QE政策，都只能短暂拉动经济增长，长远而言，经济还是不行。

其实，日本要拯救经济依然有机会，那就是好好依靠日本女人。日本如果能给女性大幅加工资、升职、提高社会地位、提高就业率，日本的就业市场、金融市场或许依然有救。

只有女人才能救日本，为什么这样说？因为在男人的主导下，日本经济这二三十年来已经越来越走下坡路。

读者们如果最近有看新闻，应该都可以发现日本首相安倍晋三的"安倍经济学"已经快到了墙倒众人推的地步。在日本国内，前日本中央银行行长白川绪方认为"安倍经济学"已快失效；日本中央银行审议委员宫尾龙藏也不乐观，认为安倍的经济政策未能形成令经济持续增长的机制。

IMF不但将日本2014年的经济增长率预期下调至1.4%，还警告说，由

于急速老龄化，日本经济存在长期低迷的风险。

可能很多读者很好奇，过去这二三十年，日本无论是哪个男性领导人执政、推出哪些刺激政策，都只能短暂拉动经济增长，但长远而言，经济还是不行。

为什么会这样呢？我认为这当中的根源，就是日本没有好好地依靠女人，没有给女性加工资、升职、提高社会地位，所以日本的经济才不好。在这里我可以告诉各位读者，日本经济要想持续发展，还非得依靠女人不可。

提高日本女性生育率

日本要依靠日本女人多生孩子，来解决日本的人口结构缺陷问题。虽然在18世纪，英国政治经济学家托马斯·罗伯特·马尔萨斯（Thomas Robert Malthus）在他的著作《人口原理》（*An essay on the principle of population*）中说，人口数量与我们拥有的资源之间存在紧张关系，一旦人口过多，各种不幸和败象例如传染病、饥荒、战争就会接踵而来，但拜科技进步所赐，马尔萨斯担心的情况一直没有出现；反而，他不担心的事情却出现了，那就是人口老龄化问题、人口缩减问题。这些问题给日本带来了非常严重的影响。

日本人口老龄化问题非常严重，超过25%的国民为65岁或以上者。这个数据是一个什么概念呢？如果读者去过日本的话，会发现在东京的公交车或地铁上，如果你让位给一个老人，基本上五次会被回绝四次，其中一次成功还是要借口说"我下一站就下车"。为什么会出现这种情况？因为日本老人太多了，六七十岁甚至七十多岁的老人根本就不觉得自己老，还没有到需要别人让座的程度。

日本的这种高度老龄化社会，不但会让退休金和医疗服务对政府财政的压力有增无减，而且会增加日本爆发债务危机的风险。更重要的是，还会出现一个很多读者可能会忽视的问题——日本的人口将会逐年减少。日本国家人口和社会安全调查局预测，到2060年，日本总人口将只有8000万人左右，比当前大幅减少4000万人，而且15岁到65岁的人口，也就是最有生产力的一群人，只占全体人口的一半。

这里要请读者注意，在过去的历史上，只有战争或者重大传染性疾病，才会导致这种人口大幅减少的情况。现在日本却在和平年代出现这种问题，且情况非常严峻，该如何解决呢？

欧美国家会认为开放接受移民是有效的办法，但日本必须平均每年接受60.9万移民，才能解决这么庞大的人口结构缺陷问题。而且日本对大量引进外籍移民可能引发的社会问题极度忧虑，因而对此持保守态度。此方法行不通。

那么，日本就只剩下唯一的一个方法，就是依靠日本女人早生孩子、多生孩子，以解决劳动力不足的问题。目前，日本的生育率已经下降到每个女性只生育1.37个孩子，远低于保持人口稳定的水平。日本政府该做的、急需要做的，就是想方设法让日本女性生孩子、多生孩子，以提高日本的生育率；否则长此以往，别说日本经济会每况愈下，可能日本人也会慢慢从地球上消失了。

升职加薪以吸引女性

日本应该给女人升职加薪，以吸引她们留在职场。相对于欧美国家，日本的职场女性比例比较低。统计显示，超过70%的日本女性会在生育后离开职场，这一比例比美国、德国高2倍。

日本女性为什么不愿意再投身职场？有读者可能会以为她们是为了有更多时间照顾家庭、孩子而牺牲事业。如果你真的这样认为，那就错了。在这里，我要告诉各位读者真相：日本企业普遍对已经生育的女性有歧视，这些女性不但难以继续升职，而且原职往往难保，这种待遇越来越低的情况令大部分已经生育的女性不愿意重投职场。

如果这些女性愿意重新投入职场，能给经济带来什么好处呢？这好处就大了。国际著名大型投行高盛（Goldman Sachs）曾发布了一篇名为《女人经济学3.0：即刻行动》的报告，指出如果日本女性就业率能达到男性就业率的80%的话，日本的就业人数将增加820万、GDP的增幅将高达15%。这个效果可是"安倍经济学"难以比拟的。

仅仅日本如此吗？当然不是，基本上如果各国女人都能充分就业，获得与男人相同的待遇，她们在职场上都能发挥比男性更重要的作用。美国前国务卿希拉里就曾指出，过去美国女性企业主为美国经济贡献了近3万亿美元，增长速度是男性经营企业的两倍以上。

不知道各位读者有无留意到，女性除了在职场上能力不比男性差之外，还比男性更符合未来时代的发展需求。美国麻省理工学院（Massachusetts Institute of Technology，简称MIT）的两位教授布尔约尔森（Erik Brynjolfsson）和麦亚菲（Andrew McAfee）最近合著了《第二次机器时代》（*The Second Machine Age*）。他们在书中指出，科技的快速发展，尤其是互联网的发展一日千里，技术含量不高的产业、工人，其价值将越来越低，会被逐渐取代、淘汰。

实际上，不只是麻省理工学院的两位教授，不少经济学家均相继指出，在互联网、科技高速发展的时代，未来很多工作岗位都可以用机器替代，例如建筑业、制造业等男性劳工多的产业会慢慢缩减，而以女性劳工为主的医疗、金融、电信和教育等新兴服务业，则供不应求。

为了不落后于"第二次机器时代"，未来包括日本在内的世界各国，对女性工人的需求将远远高于对男性工人的需求。

因此，日本要想经济持续发展，鼓励女性重投职场，给女性尤其是拥有子女的女性加工资、升职、提高地位才是正道。在此我想着重提出，不但日本应该如此，包括中国在内的世界各国都应如此。

日本股市等女人施救

日本要让女人给日本金融市场提供更多"正能量"。少有中国读者知道，在国际货币市场上，有一支数以百万计、由日本家庭主妇组成的"理财军团"长期活跃着，她们的名字叫"渡边太太"（Mrs. Watanabe）。

这群"渡边太太"的能力不比"中国大妈"低，她们纵横国际股市、汇市，尤其长于日圆套利交易（Yen Carry Trade），不但外资的基金经理们都要根据她们的动向看风使舵，而且最近美国最大的网上书店亚马逊的畅销书百强榜上，一本名为《世界是弯的：全球经济中潜藏的危机》的畅销书中专门介绍这群威力强大的"渡边太太"，认为她们有足以引发一场全球金融危机的力量。

请读者注意，这种力量既可以给金融市场带来危机，也可以给金融市场带来正能量，而日本金融市场现在非常需要这种正能量。日本安倍政府最近频频给养老投资基金施压，要求管理超过1.24万亿美元的养老投资基金会至少应该把一半的资产投入日本股市中，以此来拉高日经指数。但是，安倍政府这一要求遭到了养老投资基金会总裁三谷隆博及众多退休人员的拒绝。

如果可以获得"渡边太太"的协助，安倍政府就不用拿养老金开刀，只要"渡边太太"的资金回归日本股市，那么，在她们的保驾护航之下，日本股市上涨的潜力巨大，而股市上涨则可以给民众带来财富效应，以增加消费拉动日本经济发展。

日本女人顶大半边天

看到这，相信读者已经知道，在日本，由于女性对经济的贡献被忽略和低估，因此日本的经济在长期低迷中难以自拔。中国人常说，女人顶半边天。而在日本，无可置疑，只要"姐姐妹妹站起来"，女人就能顶大半边天，日本的未来就有希望。

实际上，女人被严重忽视的情况不仅仅出现在日本，整个亚洲地区尤其是东亚地区的男尊女卑风气，已经成为了当地经济更上一层楼的绊脚石。联合国的一份报告指出，女性未能全面融入就业市场，给亚太地区造成了每年890亿美元经济产值的潜在损失。如果女性能和男性进入相同产业，拥有同等资源，东亚地区的平均劳动生产力最多将增加18%。

所以，在最后，我要问读者一个非常有挑战性的问题，如果中国的企业大幅度给女性加工资、升职，给予女性更多的资源，并大幅提高女性的地位，这对经济的刺激作用是否会大于2009年时中国政府推出的"四万亿"刺激经济计划呢？

日本的QE政策或让日本与美国大打出手

　　美国退出QE政策后，一旦翻脸，要求日元停止贬值，日本的出口就将遭到严重冲击，进而损伤日本经济，导致日本的QE政策失效，日本比谁都担心出现这种情况。

　　日本要想确保经济不受到重大冲击，相信很可能会对美国展开经济、政治和外交上的正式反击。

　　日美出现摩擦，对中国来说未尝不是好事。

　　日本与美国虽然是同盟国，日本表面上唯美国马首是瞻，但实际上却对美国心怀怨恨。

　　为什么这样说呢？事实上，日本对美国有"二恨二怕"，简直到了欲除之而后快的地步。

日本对美国早欲除之而后快

日本对美国有"二恨"。第一是恨美国对日本不平等。如果说美国是日本的"太上皇"有些言过其实的话，那么说美国是日本的"老大"，则一点都不夸张，相信读者对此都会认同吧？

但是，日本却十分厌恶美国这位老大的指手画脚，日本认为如果什么都听美国的，说明日美之间并不是平等的同盟关系，日本也一直在寻求日美关系中的平等地位。因此，日美之间还曾发生过不少外交摩擦，美国前财政部长罗伯特·鲁宾（Robert Rubin）就在他的回忆录中透露了其中一次摩擦。

鲁宾称，他在担任美国财政部长期间，发现日本经济复苏无望，日本政府也无力应付，基于日美是同盟，加上日本经济的复苏对全球经济越来越重要的考虑，他曾公开提醒日本政府应该注意经济复苏问题。

没想到日本政府对此一直耿耿于怀。1997年4月，时任日本首相的桥本龙太郎访问美国，与时任美国总统的克林顿会晤，当克林顿谈及日本经济问题时，桥本龙太郎随即拿出早已准备好的、可以证明日本经济即将起死回生的图表，向克林顿表示日本经济即将开始恢复增长。

与此同时，桥本龙太郎更向克林顿当面告状，说美国财政部长鲁宾曾在公开场合唱衰日本经济，他认为鲁宾是完全错误的。而鲁宾当时正在现场，桥本龙太郎这番"打狗不看主人面"的举动，让在场的双方都相当尴尬。

从这个小摩擦上，我们就可以看出日本对美国的指手画脚是多么的不耐烦。而且，随着近年来美国经济实力的下降，日本一直在积极寻求成为美国战略交易的伙伴（Strategic Deal Partner）的平等地位。

例如，日本希望美国同意修改《驻日美军地位协议》，改变驻日美军以往不受日本司法和行政约束的规定，以争取日本在日美同盟中的对等性，但遭到美国的断然拒绝。

日本在多次的不如愿之下，对美国已心生暗恨，心中早已认定美国是日本重新强盛的最大拦路虎。

第二是日本恨美国不支持日本。在日本政府看来，日本对美国可谓是"忍辱负重""仁至义尽"。这是因为在美国的"小弟"之中，真正做到"要人给人，要钱给钱"的仅有日本一个。以日本对美国的军费支援为例，日本每年向美军支付高达50亿美元的"保护费"，用作美军的日常开支。美国把这个费用称为"地主国预算"（Host Nation Support Fee），日本则称为"体贴费"。

虽然日本如此"体贴"美国，但想不到美国却不怎么"体贴"日本。2014年年初，美国参议院通过一项法案，同意美国南部弗吉尼亚州公立学校的教科书中提到"日本海"时一并标注韩国主张的名称"东海"。日本对此气急败坏，但美国却强调不想卷入盟国之间的领土纠纷，要一视同仁。

更让日本愤怒的是，日本政府一直致力于修改宪法，希望摆脱宪法对日本军力的限制，让日本成为"普通"国家。但作为美国同盟国的韩国以及作为友好国家的东南亚各国，对日本曾发动的侵略战争仍记忆犹新，日本要行使集体自卫权，自然让人产生诸多联想。在上述国家的压力下以及基于战略和战术上的博弈考虑，美国在这个问题上也没有站在日本这一边。

此外，日本安倍政府参拜靖国神社之举，也遭到美国政府的批评，这更令日本对美国的怨恨进一步加深。

日本对美国除了恨，还有怕

日本对美国还有"两怕"。第一是日本怕被美国出卖。可能很多读者不知道，每一个日本小孩读小学时，历史课本都会告诉他们，1853年第一批美国人进入日本水域后不久，就已经懂得占日本的便宜。当时那些美国人意外发现日本的黄金和白银的汇率跟世界其他国家很不一样后，纷纷涌进日本抢购黄金和白银，再卖到别国获利。

20世纪80年代美国逼日本签下"广场协议"，美国华尔街的投资者在日本金融市场中兴风作浪，让日本人根深蒂固地认为，美国人的每一句高谈阔论背后都有一个精明的计谋，日本很可能被美国卖了都不知道，还帮着美国数钱。

更令日本担心的是，在中、美、日三边关系问题上，美国表面上同日本紧密一致，背后却在同经济、军事实力越来越强大的中国做战略交易，只要利益够大，美国随时可能出卖日本，新的"尼克松冲击"将再次出现。

可能有读者不大了解什么是"尼克松冲击"，在这里我简单解释一下。尼克松冲击共有两次：第一次是指时任美国总统的尼克松在1971年采取"新经济政策"，使美元大幅贬值，日元被迫升值；第二次是同年美国总统国家安全事务助理基辛格秘密访华，令追随美国奉行反华政策的日本深感被美国抛弃。这两次冲击对日本的经济、政治和外交都带来了严重的损伤。

因此，日本对美国始终有所怀疑、有所害怕，其对日美同盟的信心，绝不像表面上那么坚定。

第二是日本怕美国翻脸不认人。外界有些评论把日本安倍政府的内阁形容为"小朋友内阁"，因为这个内阁的成员的从政历程基本上是一帆风顺，都没有受到太多挫折。因此与前辈们相比，日本本届内阁的资产比较少、施政方针偏"幼稚"。尽管如此，日本政府还是非常清楚，美国政府更像小孩子的脸，说变就变。

美国向来反对别国操控货币，尤其是压低汇价以推动出口，但奇怪的是，日本安倍政府上台以来，实施量化宽松政策，通过推行弱日元促进出口增长，日元对美元至今已经贬值20%左右，美国却一直没有阻止，这是为什么呢？

答案很简单，就是美国要重返亚洲，但不想与中国正面冲突，因此要找日本来牵制中国。作为回报，美国对日本推行弱日元的政策，只能睁一只眼闭一只眼，对日本稍稍让利。

但是随着美国在2014年年底退出QE政策，由于担心减少印钞，资金回流美国会导致美元升值，不利于美国出口，加上美国届时也难以继续坐视本国的汽车、电子等行业的出口利益被日本相关行业通过弱日元所抢去，进而拖慢美国经济的复苏进程。所以，美国很有可能最快在2014年年底退出QE政策之后，就会喝止日元继续贬值。而这无疑将严重冲击日本的出口。

这对日本而言是一场噩梦，因为这不但会让市场原本预期的以出口需求推动日本经济的殷切期盼在很大程度上化为泡影，引发金融市场动荡，而且会令日本经济前景雪上加霜，还会进一步加深日本安倍政府推行QE政策所面临的挑战。

可以说，美国退出QE政策后，一旦翻脸，要求日元停止贬值，日本会比谁都害怕。

简而言之，美国时刻要维护其世界霸主的地位，不但卧榻之旁不容他人酣睡，连睡"隔壁"都会遭到疑神疑鬼。美国考虑本国利益时，往往毫不顾及盟友的立场，这让日本产生了巨大的不安全感和不信任感。

在上述"二恨二怕"的多重积怨之下，加之2014年年底美国可能退出QE，使日元难以持续贬值，日本要想确保在经济、外交上不再受到重大冲击，很可能会对美国展开经济、政治和外交上的正式反击。随着两国之间矛盾、摩擦的不断加深，即使美日的同盟关系仍然持续，在未来的日子里，双方也必将越来越不和谐，由此也将越来越难以一致"枪口对外"地遏制中国。

第四章

中国篇：美国退出QE政策，中国将受重创？

美国退出QE政策，引发热钱班资回美，中国国内生产总值无可避免将遭受冲击。

不过，中国经济经过三十多年的发展，经济增长速度已不再是中央政府的工作首位，GDP的增速其实也和普通民众关系不大。为什么会出现这种改变？

美国退出QE政策后，人民币汇率方向和人民币国际化前途诡谲。到底人民币未来是升值还是贬值呢？

中国内地与香港地区的政府、企业和民众，在美国退出QE之后，需要更加紧密地合作。这又是为什么呢？

为什么说中国的GDP增速和你没关系?

美国退出QE政策将冲击中国经济,部分国际市场人士更预测中国的经济危机才刚刚开始。GDP快速增长对中国的发展真的这么重要吗?

GDP的统计方法对政府、投资者而言,有宏观意义上的参考意义;但对普通读者来说,却没有什么用。这是真的吗?

最新公布的中国国内生产总值在7.5%左右,这个数字仍处于合理的增长区间之内。但美国退出QE政策之后,资金将从包括中国在内的新兴国家大幅撤退。这不但将导致中国国内资金趋紧,更会对中国的出口市场不利,冲击中国的经济。

一些悲观的国际投资机构已预测中国2015年的GDP将大幅下降至6%。量子基金联合创始人、国际著名投资家罗杰斯(Jim Rogers)更指出,包括中国在内的新兴国家的危机才刚刚开始。对此,不少媒体、专家忧心忡忡地建议中国政府要大力刺激经济。

但是依我看来，这些媒体、专家其实是杞人忧天。在中国现今的环境下，读者实在无须太过在乎GDP增速的快慢。而且，我在这里必须坦率地告诉读者，中国GDP的增速快慢与普通读者没多大关系，读者关心GDP其实是瞎操心。

GDP的增速已不是政府工作重点

为什么说GDP的增速与普通人没多大关系呢？原因很简单，首先，新一届中央政府并没有把GDP的增速放在工作的首位。

可能有读者不知道，很多欧美发达国家很早以前就没有将加快GDP的增速作为政府的工作重点了。而且，现代GDP估算系统之父、诺贝尔经济学奖金获得者西蒙·库兹涅茨（Simon Smith Kuznets）早就在1971年指出，GDP不能完全衡量一个国家的整体效益。一个国家如果刻意地以追求狭义的、物质的经济福利最大化作为目标，并不利于该国经济的长远发展。

在库兹涅茨讲这番话的43年后，中国政府也开始与国际接轨了。如果读者留意观察会发现，在2014年全国"两会"的政府工作报告中，就业、价格稳定和GDP这三个目标是按优先级排列的，也就意味着GDP增长被列为最末的目标。

很多人都没有察觉到，中国经济已悄悄地进入了结构转型的阶段，转向了由服务业主导的经济体系。也就是说，现在中国的服务业在经济中的比重最大，该行业的单位产出所需的就业岗位比制造业和建筑业加起来还要多约30%。只要中国未来的经济一直由服务业主导，中央政府就无须把加快GDP的增速放在首位，即通过加快经济发展速度来解决就业问题。

下面的一组数据会让读者看后更明白。中央政府在2013年年初宣布全年要新增1000万个就业岗位，但事实上，2013年GDP增速没有

"保8"，只增长了7.7%，而2013年全年却新增了1310万个工作岗位。

换言之，在渐渐由服务业主导、由劳动密集型开始转向资本密集型的经济体系中，中央政府既然可以在GDP增速在7.5%左右的情况下实现就业目标，那么，未来的领导层也可以游刃有余、淡定地面对GDP的减速，而无须将GDP增速作为政府工作的重心。

至于部分专家、学者呼吁中央政府动用"逆周期武器"，例如放宽货币政策去刺激经济的做法，我认为是好心办坏事。稍有不慎，这些做法还容易引发中国的债务风险、金融危机，届时这些专家、学者将成为千古罪人。

这是危言耸听吗？当然不是。尽管当今有不少经济学家认为，低成本的资金（Cheap Money）如果利用得好，宏观经济会获益，因此他们呼吁政府可以大量印钞票以拉动经济快速增长，但是这样做是不是只有好处，没有坏处呢？

2001年诺贝尔经济学奖金获得者约瑟夫·尤金·斯蒂格利茨（Joseph E.Stiglitz）对此提出异议，他在著作《失控的未来》（*Freefall: America, free markets, and the sinking of the world economy*）中指出，监管部门长期维持超出实际经济所需的低成本的资金，长年累积下来，将成为引发债务危机或者金融危机的根本原因。

如果读者觉得斯蒂格利茨的"分量"不够，那么，宏观经济学的鼻祖约翰·梅纳德·凯恩斯（John Maynard Keynes）的分量足够了吧？他对这个问题的看法是什么呢？

可能很多读者会吃惊，凯恩斯虽然建议民众尽量消费，没有钱消费就借钱，借不到钱就由政府印钞票，以此来发展经济。他还提出了"乘数效应"（Multiplier Effect）、"货币乘数"（Money Multiplier）以支持、发展他的观点，但是请读者注意，凯恩斯早已经明确告诉他的徒子徒孙们，他的理论的前提是"短期的"，他还以"长期，我们都死了"（In the long run, we are all dead）来告诉大家，他提供的是"没有明天"的经济特效药，短期有效，长期食用会成为毒药。

这个教训中国不是没有过。为了应对2008年全面爆发的全球金融危机的袭击，政府动用4万亿人民币刺激经济，虽然"保8"成功，经济从暴跌中复苏，但导致了通货膨胀高涨、地方债风险大涨、尾大不掉的后果。

因此，为了避免重蹈覆辙，相信未来很长一段时间内，即使美国退出QE后会给中国经济带来一些冲击，但只要就业市场稳定，GDP增长也维持在合理的增长空间内，中央政府就会传递出这么一个信号：经济减速，可以有；大力刺激经济，没有。

GDP数据是为政府和专业投资者服务的

我在上文提到的读者关心GDP其实是瞎操心的第二个原因，是GDP数据是为政府和专业投资者服务的，实在和普通读者没有多大关系。

为什么这样说？因为我知道很多读者并不清楚GDP的"身世"，在这里我给读者介绍一下。

GDP统计法是1930年才在美国问世的，当时主要是为了帮助美国罗斯福政府了解"新政计划"（New Deal）能否成功改善造成美国股市下跌将近90%、25%的劳动力失业、数千家银行关门和生产力急跌的体系问题。GDP从一开始问世，就决定了它和普通民众没有多大的关系。

而且，由于GDP数据是由政府绘制、统计的，政府绘制、统计这个数据主要是为了决定开支、评估各项计划的成效和系统的安定性，并不是为了告诉普通民众跟他们个人财产相关的大事。

更重要的是，美国的GDP统计法在1930年创立后，不少国家纷纷效仿，将GDP作为一国经济健全与否的最佳指标。但是，在这里需要提醒读者留意的是，当时大部分国家的经济都属于以劳动力为主的产业型或农业型经济，而不是现在的服务导向型经济。这就导致了传统的GDP统计方法已经无法掌握新的劳动生产力、劳动生产率的变化，加上没有一个统计法是在计算机问世后发展出来的，因此在计算机和网络高速发展使效率大为提升后，这种变化并没有反映在GDP的统计数字上。

看到这，相信读者应该了解到，这个GDP的统计方法对政府、投资者而言有宏观上的参考意义，但对于我们普通读者而言，已经有点不合时宜了。

经济其实指的是什么？"Economics"最早出自希腊文，意思是家庭和房子，很多读者一说到经济，就马上联想到GDP增长速度、工厂、生产，那是有所偏颇的。经济实质上包含了地球上的家园，内涵是如何让各个物种和谐相处，而不仅仅是注重GDP的增长速度。

所以，请读者们现在告诉我，这个GDP还需要你仔细关注吗？你了解经济增长速度有什么用呢？你还需要去斤斤计较经济增长速度比全年的增长目标多零点几个百分点，或者少零点几个百分点吗？

这个问题对读者而言并不难回答。而且，我还认为，美国退出QE政策之后，中国如果能打好"女性经济学"这张牌，对经济的发展将大有裨益。为什么我要这样说呢？读者看看下文就知道了。

为什么说女性加班越少，中国经济越好？

> QE政策只能短暂刺激经济，在全球已经步入知识经济时代之际，中国要想经济长期稳步发展，跟前一章谈到的日本的情况一样，也必须大力依靠女性的力量。可以说，女性现在对经济发展的贡献不仅是顶半边天，而是顶大半边天了，这并不是我在故意讨好女性。

在本书的第三章中，我曾提到"女性经济学"在日本经济发展中起到的关键作用。这个观点放在中国同样适用，因为知识经济时代来临后，随着全球产业结构的更改、信息科技的革新、教育程度的提升尤其是服务业的兴起，女性对经济增长的作用也大大提升。

即使在中国这种仍以男性劳动力为主的国家，女性劳动力对GDP的贡献也已接近50%。而在不少欧美国家，女性对GDP的贡献更在60%左右。可以说，现在女性对经济发展的贡献，不仅是顶半边天，而是顶大半边天了。

不过，读者必须要明白，虽然经济增长需要大量依靠女性的力量，但这并不意味就要把女人当男人用，甚至是当机器来用。恰恰相反，只有让女性的工作越来越轻松，加班越来越少，经济才能越来越好。

这是我在耸人听闻，故意讨好女性吗？当然不是。下面我将告诉你们女性加班越少，经济越好的几大原因。

原因之一：只有女性少加班，消费才能增加，内需才能扩大，进而拉动经济发展。

在全球各国，职业女性的消费能力普遍比男性高，而且在家庭中，购买什么物品也往往由女性说了算，如果女性可以少加班、多逛街，消费总量将大大提升。

买东西由女性说了算，读者不信吗？西方有本畅销书叫《女人不容小觑》（*Why Women Mean Business*），其作者维滕贝格·考克斯（Avivah Wittenberg-Cox）研究发现，和男性相比，女性作出的购买决策高达80%，不仅包括日常用品、衣物、电器或化妆品等消费小项，更包括买房、买车和投资金融产品等消费大项。例如在日本，2/3的购车决定权在女性，日本男人要开什么车由太太决定。

西方那些深谙"女性经济学"之道的国家和企业，也往往都在打女性的主意。读者扪心自问，到法国、意大利、日本等国旅游的中国游客中，奢侈品商场店、化妆品专卖店里是女游客多还是男游客多？在境外如此，在中国国内也是如此。最近受到热捧的特斯拉汽车，首批车主以女性居多，而且不少都是知名企业领导者的太太。

相信很多读者都清楚，消费是拉动经济向前的重要引擎。我们的政府经常头痛该如何提高消费、扩大内需，在我看来，要增加消费，让职业女性多放假、少加班，多点时间出去逛街，少让她们困在办公室里，比政府采取什么措施都有效、快捷。至于女性购物的钱从何处来，如果是男读者提出这个疑问的话，请面壁思过去吧。

原因之二：只有女性少加班，才能解决人口老龄化问题，推动经济增长。

人口老龄化问题是各国正在面临或即将面临的难题，相信很多读者都明白，一个国家要发展经济，必须依靠资本增长、劳动力及生产力，在资本和生产力不变的情况下，劳动力人口越多，经济增长自然会相应加速。而人口老龄化则会大幅缩减劳动力，劳动力人口越少，经济增长自然就会遭受重创。日本经济过去迷失20年，未来还将继续迷失下去的一个重要原因，就是出现了人口老龄化导致劳动力减少的人口结构缺陷问题。

要解决人口老龄化问题，根源在女性，只有女性拥有足够多的时间去谈恋爱、维持家庭、生儿育女，才能减少出现人口结构缺陷的机会。如果女性经常加班，不但有损健康，更会减少与男朋友或丈夫相聚的时间，出现"蜡烛两头烧"的情况，造成女性顾得了事业，却牺牲了爱情甚至是家庭幸福的后果，那么，下一代也就难以诞生了。

英国伦敦政治经济学院近日的一项研究发现，女性比正常上班时间每多工作12分钟，一段爱情或婚姻解体的风险就增大1%。由此可见，女性经常加班加点工作，爱情和婚姻会出现特别多的问题，会经历更多的考验和挑战。

因此，要推动经济向前发展，增加劳动人口，只要给女性减少压力，少让女性加班，多让女性正常上下班就解决问题了。

原因之三：只有女性少加班，才能增加工作效率，有利于企业发展，进而拉动经济发展。

我在上文已经指出，在知识经济时代，越来越多的女性参与就业，企业女职员的比例越来越大，女性对GDP的贡献越来越大。在此情况下，增加女性在办公桌前的加班时间，是非常不利于企业发展乃至提高经济效益的。

数据会说话。著名的期刊《美国流行病学》（*American Journal of Epidemiology*）中有论文表示，每周工作55小时的员工，其智力、解决问题的能力、短期记忆力和创造力，都比每周工作40小时的员工要低。

日本精神保健专家、东京大学健康总合科学系副教授岛津明人经过研究更察觉，人的大脑真正能够集中精神的时间，只有从起床开始算起的13个小时而已。简单而言，如果读者早上7点起床，到了晚上8点之后，脑袋就会像糨糊那样，再也难以正常思考问题了。

因此，如果企业要求员工尤其是女员工多加班，那是得不偿失的。一家企业要成功，必须比竞争对手更有效率地产生价值。简单而言，就是在同等的资源投入下，能够更有效率，得到更多的价值产出。

只有那些没办法提高效率的企业，才必须靠投入更多资源来竞争，拉长工时、让员工加班就是这种不合理的办法。而一旦长期让员工多加班，员工就会慢慢把"工时"和"生产力"混为一谈，员工间比拼的是谁上班时间多，而不是谁产生的价值多。

这种情况对企业的发展是非常有害的，因为这会出现琼·罗宾逊夫人（Joan Robinson）所说的"隐蔽性失业"（Disguised Unemployment）问题。琼·罗宾逊夫人是世界级经济学家中最著名的女性经济学家，她提出的"隐蔽性失业"，简单而言就是企业忽视生产力、重视工时，往往出现例如"三个人的活五个人干"的人浮于事、冗员过剩的情况，长久下去，企业将面临竞争力下降，甚至破产、倒闭的结局。

相反，如果企业更加重视生产力，不那么看重工时，情况就会改变。美国社交网络服务网站"LinkedIn"（领英）的绝大多数员工都是上午9点上班、下午5点下班，周末从不加班。由于员工拥有超高的效率，LinkedIn在短短10年内就创造了超过100亿美元的价值，成为2000年以后在美国创立的仅有的两家价值超过100亿美元的上市公司之一。

减少员工的加班时间，企业的效率往往就能上去，企业发展了，经济自然也随之发展。因此，那些产业结构由女性占多数的国家，都纷纷减少员工的加班时间。例如，70%的工作属于知识性和服务性的工作，而这些工作更需要职业女性的法国，已经以立法的形式从2015年开始把最高工时从每周39小时降到35小时；人均GDP排在全球第二的欧洲富裕国家挪威，更是早已经大幅缩短民众的上班时间，每周法定的工时为37.5小时，每天的法定工时为7.5小时，以此提升效率，促进经济发展。

不少西方国家已经在缩减工时、减少员工的上班时间了，知识性和服务性产业比重逐年增大的中国，也该是时候进行调整，尽快立法，让企业的员工尤其是女员工多一点时间休息。

总而言之，在知识经济的全球化时代，QE政策只能短暂刺激经济，但女性却能直接影响到一个国家经济长期的表现，在女性作用越来越重要的今天，只有减少女性的负担，发挥女性的优势，提高女性的效率，国家的经济才能稳定、持续和健康地发展，社会才会更加平稳、安宁。简单地说，就是女性加班越少，经济越好。

美国退出QE政策，人民币还会再升值几年?

　　不少人觉得美联储退出QE政策之后，资金会回流美国，导致美元升值，人民币贬值。其实，这种想法是错误的，美国的QE政策只是一个治病的"偏方"，美联储退出QE政策后，还须长期"正常用药"，才能稳定经济增长。这不仅不会减少货币发放，反而会持续维持现行的印钞票量。

　　在市场资金仍然充裕的情况下，美元很可能会继续走弱，人民币仍有升值的空间。

　　如果有人跟你说，花有百日红，你信不信? 我猜你不会相信。但是如果有人跟你说，人民币未来还会持续贬值，你又信不信呢? 我猜很多人会相信。尤其是人民币汇率曾在2014年2月至5月大幅贬值了约3%，按照这个趋势，不少专家学者预测人民币在2014年贬值将成定局。

　　但是，在这里我要告诉读者，未来人民币不但会逐步扭转贬值的趋势，而且在美国退出QE政策之后，在未来两三年还会持续缓慢升值。

为什么我这么肯定人民币在未来几年还会持续升值呢？在探讨人民币升值的原因之前，我们先来说说2014年以来为何人民币会贬值，明白了人民币贬值的原因，自然就可以知道推动人民币未来升值的因素有哪些。

人民币贬值的原因

为什么人民币在2014年2月至5月会出现大幅贬值？

原因之一是要消除外界对人民币汇率只升不跌的预期。人民币自2005年汇率改革以来，几乎都是呈现单边缓慢升值的趋势。其中还分成了两个升值阶段。第一阶段是2005年至2008年全球金融危机全面爆发之前，人民币对美元升值了约20%。第二阶段是在2008年全球金融危机全面爆发、美国推出QE政策之后，美元出现贬值，汇率市场是零和游戏（Zero-Sum Game），美元贬值自然推升人民币汇率。因此，即使中国人民银行在2010年6月进行人民币第二次汇率改革，增强人民币汇率的弹性，但人民币汇率还是持续缓慢升值，直到2014年2月为止，升值了约12%。

中国拥有约4万亿美元的外汇储备，人民币升值太快，中国的银行体系账面上必会蒙受损失，影响银行的稳定性。

同时，这种人民币长期升值的预期，引发逐利的大量国际热钱通过各种方式流入中国市场，尤其是金融市场。这不但影响中国的金融市场稳定，也会造成高通货膨胀。通货膨胀猛于虎，这并非中国政府所乐见。

此外，不少外国投机者还在利率较低的地方借来资金，再购买人民币，赚取较高的利息。这导致人民币利差交易（Carry Trade）盛行，也使得中国人民银行控制市场流动性的难度不断加大，影响了中央银行货币政策的功效。

例如，香港许多投机者就非常热衷人民币利差交易，在这里我给读者详细介绍一下。人民币一年的银行定期存款利息超过3%，在2013年人民币升值了3%，换言之当年投机者就算什么都不做，光是换成人民币存到银行里，就有超过6%的收入。

投机者如果想把更多的人民币存入银行，获取更大的收益，除了通过虚假贸易合同来套取人民币外，还可以在香港外汇市场借入几乎零利息的日元，或者借入比在岸人民币年利息低约1个百分点的离岸市场人民币，又或者借入年利息为2%的美元，之后用来买入人民币，通过各种各样的方式把这些钱存入中国内地的银行里。以1年期的定期存款计，年收益至少在4%以上。这种收益可谓毫无风险，简直是躺着也赚钱。

香港投机者懂得玩这手，更多外国投机者当然也懂得用这种方法套利，而且玩起来更娴熟。据摩根士丹利（Morgan Stanley）估计，2013年流入中国的热钱光是在人民币目标可赎回远期契约（Target Redemption Forward）上，数额就高达3500亿美元（约合2.17万亿元人民币）。

因此，在如此巨大的游资流入中国并冲击央行货币政策的情况下，中国人民银行非常有诱因容许人民币贬值。这不但是为了打破人民币单向升值的预期，给外国投机者狠狠一击重拳；同时，人民币汇率有贬有升，也是中国推动外汇市场更加开放的战略部署。

原因之二是中国要挽救出口。可能不少读者没有留意到，在2014年2月，中国出现了非常罕见的外贸赤字，而且赤字高达约300亿美元，这个赤字是1998年以来最高的，即使2008年全球金融危机全面爆发时，中国全年的外贸盈余仍高达3000亿美元。

为什么会出现这种情况？因为美联储在2014年年初开始逐步退出QE政策，减少每月买债的规模之后，使得在新兴国的外资迅速流出，班资回美，导致新兴国家的货币大幅贬值。例如，巴西币曾一度大跌20%；印度卢比曾贬值15%；印度尼西亚盾、马来西亚币、泰铢和菲律宾比索的贬值幅度也在5%至10%之间。相反，人民币依然小幅升值，成为比美元还坚挺的货币。

新兴国家货币贬值，可以增强其出口竞争力。这间接削弱了中国出口的竞争力，加上人民币还在继续升值，更令中国的出口雪上加霜。

虽然中国政府正在推行扩大内需政策，以减轻对外贸的依赖，但出口目前仍然是拉动中国经济的"三驾马车"之一。在现今内需依然不振的情况之下，人民银行除了在2014年3月将人民币汇率波动幅度扩大至2%外，还迈出了人民币贬值的脚步，以增强中国的出口竞争力。

人民币汇率意外超跌

在上述两个主要原因之下，人民币汇率在2014年2月至5月下跌3%左右。但是，对于这个下跌幅度，在这里我要请读者注意两件事。

第一件事，中国人民银行是以市场化手段推动人民币贬值的，而不是以行政手段操控人民币汇率的。根据中国人民银行公布的数据，中国人民银行在2014年3月一共买入了价值约人民币1740亿元的美元，通过这种买入美元的操作来拉低人民币汇率。

第二件事，人民币贬值3%其实是超乎人民银行预期的。由于之前市场中一直有人民币只升不贬的观念，因此，人民币汇率在2014年稍微出现贬值之后，市场异常意外，不但人民币结构商品投资人马上进行平仓，那些闻风而动进行利差交易的投机者也立即平仓退场，从而令人民币出现恐慌性的贬值。情况正如瑞士信贷银行董事总经理陶冬所言，这种"自相践踏式"的汇率下跌，让人民币价值大幅波动。

说白了，就是人民银行原本希望凭借市场化手段，让人民币小幅贬值1%至2%，没想到会引发市场恐慌，导致人民币贬值幅度超过3%。

人民币过度贬值是非常危险的，由于人民币连续4个月贬值，已经创下有史以来最长的贬值期。在彭博社（Bloomberg）追踪的24个新兴市场货币中，人民币的表现仅仅比阿根廷比索和智利比索、俄罗斯卢布略好，因此造成大量的资金流出，还让外国投资者望而却步，减少了前往中国投资的活动。

作为资本输入大国，中国的GDP中有相当份额的经济资源掌握在外国投资者手中，无论是资金流出还是外商减少对中国的投资，都会冲击中国的经济。

为了阻止这种预期外的情况恶化，我预料，中国人民银行未来很快就会出手终止人民币汇率的跌势，未来可望出现双向波动。当然，不仅是我一个人这么认为，前美国财政部中国事务资深协调官洛文杰（David Loevinger）也同样指出："中国人民银行如为人民币贬势设下底线，也不令人意外。中国总是对汇率大幅波动过敏。升幅过剧引发资金涌入，贬幅过速又引爆资本外流。"

人民币未来年升值2%

我认为，美国在2014年年底完全退出QE政策后，人民币在未来两三年仍将保持1%至2%左右的缓慢升值趋势。为什么呢？

理由之一，人民币贬值的压力已经不大了。我在上文说过，虽然中国外贸出口在2014年2月份出现罕见赤字，但总体计算2014年首季的数据，中国外贸仍有近166亿美元的盈余。而在外汇储备上，中国外汇储备这大半年来也是有增无减，已经接近4万亿美元，与2013年12月相比增加了超过12亿美元。因此，中央银行并没有很大的压力让人民币继续贬值。

理由之二，中国经济的稳步发展会推动人民币升值。一国的货币，就如同一家上市公司的股票，公司运营好了，股价普遍会上涨。同理，一国货币汇率也会随经济增长而上涨。中国领导人已多次公开喊话，有信心使中国2014年的GDP增长达到7.5%，未来几年中国的经济也会稳步向前。因此，中国经济增长稳定，人民币汇率未来也会稳步上涨。

推动人民币国际化已是中国的国策，人民币要想国际化，必须要使他国愿意持有人民币，而人民币缓慢升值依然是吸引他国增持人民币、使用人民币的主要诱因。

理由之三，美联储即使退出QE政策，也不代表人民币就要贬值。很多读者觉得，美联储退出QE政策之后，资金会回流美国，导致美元升值，人民币贬值。

这种想法是错误的。在这里我要告诉读者，美国的QE政策只是一个"偏方"，主要任务是把美国救活，如今美国活过来了，就不必再使用这个"偏方"了。不过，美国虽然活过来，但仍然重病缠身，经济动力还不足，需要较长时间维持低于正常水平的利率来支撑经济。

因此，美联储退出QE政策后，不仅不会减少货币发放，反而会持续维持现行的钞票印量，只是主导者由美联储变成了美国的金融机构而已。

而且，由于美国的就业市场、经济仍未完全复苏，加息仍然遥遥无期。就连现年才60岁的前美联储主席伯南克日前也指出，他不预期在他有生之年可以见到美国联邦基金利率由0至0.25%的水平重返大约4%的水平。

在这种即使美国退出QE政策，市场资金仍然充裕的情况下，美元很可能会继续走弱，人民币也仍有升值的空间。

所以，虽然可以预见人民币汇率未来的升贬双向波动会扩大，而非继续单边升值，但在上述多个因素的推动下，人民币在未来三四年仍然会小幅缓慢升值。

有读者可能会有疑问，人民币升值造成中国经济损失怎么办？这点请大家放心，国际知名投资大师索罗斯（George Soros）在他的著作《欧元美金大风暴》（*Financial Turmoil in Europe and the United States*）中已经告诉大家了：中国让人民币相对美元升值数个百分点，但欧元、日元和其他货币扬升（人民币对这些货币贬值），从而补偿美元价值的滑落，使中国依然能保有优势。

为什么说香港为央企保驾护航？

美国逐渐退出QE政策，随着资金大量从中国内地、香港地区班资回美，中国政府及时宣布了上海与香港两地股市互通的安排。这不但可以应对QE政策退市后热钱的来去不定带来的冲击，而且为两地股市建立了一个长期的"互相维稳"的机制。

从中信集团赴港整体上市的计划可看出，香港未来将为央企保驾护航，逐步协助更多央企"走出去"，直面国际金融市场的洗礼。

继中国央企——中信集团近日准备到香港整体上市后，上海与香港两地股票互联互通即将启动。这再次引发中外金融市场的躁动，不少媒体、专家、学者更将这两件事解读为内地又给香港地区送礼，而且送的是"大礼"。

必须向读者坦白，我对这些解读感到非常诧异，在这里我要告诉读者，这两件事都是互惠互利的，谈不上谁给谁送礼，而且离开了香港，这些事很难开展下去。

香港为中信集团保驾护航

中信集团整体到香港上市，是为了到香港筹钱以及学习国际先进经验。这像是给香港送礼的节奏吗？

当听到中信集团"借壳"到香港上市是给香港送礼这个说法后，我目瞪口呆。请读者回答我一个简单的问题，如果我跑到读者那里找大家筹钱，我能否说这是我要送礼给读者？

在这里我必须告诉读者一个真相，中信集团要整体上市，地点除了香港，别无选择。中信集团这不是向香港送礼，而是要借助香港发展、壮大自己。

为什么我要这样说？因为中信集团已经很难在A股整体上市。中信集团旗下的中信证券、中信银行和中信国安等众多业务，可分拆在A股上市的基本上都已上市。按规定，同一资产不能在A股市场再度上市，如果要在A股整体上市则旗下上市公司必须被私有化，因此在香港上市是中信集团较佳的选择。

何况，虽然中国证监会正在修改规则，降低上市门槛，但中国内地股市当前的上市门槛还是比不少境外交易所高，而且还有超过700家企业轮候上市，这会让中信集团望而却步。加上内地股市长期低迷，2013年全年融资额不到2300亿元人民币，市场的胃纳略显不足，较难容纳拥有万亿资产的中信集团。

中信集团在A股很难上市，在境外例如美国上市又如何呢？答案是也很难。由于美国实行严苛的《萨班斯法案》（全称为《2002年公众公司会计改革和投资者保护法案》），对上市公司管治提出一系列要求，内地国企赴美上市已经基本停滞。

同时，美股中的中国概念股有200只左右，但过去被摘牌的却有151家中国公司。这显示美股市场对中国股票的淘汰率很高，而且中国股票也很容易遭做空机构刻意狙击。再加上美国近期已展开了"围堵中国"的措施，在美国上市的大型中国企业将遭遇政策风险。中信集团如果前往美国上市，想不成为箭靶都很难。

还要提醒读者的是，中信集团这次要整体上市，除了筹集资金外，还肩负作为推动央企进行新一轮改革的"试验田"以及凸显中央政府深化改革决心的重任。

可以毫不夸张地说，只有香港才能帮助中信集团完成这个任务。

一方面，除了香港有足够的胃纳以容纳中信集团外，香港一直是"中信系"发展的重要市场。集团旗下的中信泰富、中信银行与中信证券都在H股挂牌上市。可以说，中信集团此前在香港股市已经非常活跃，也非常熟悉香港环境，中信集团在香港推动进一步市场化改革的风险，相对其他地方要小。

另一方面，中信集团是央企中市场化和国际化程度最高的企业之一，与其他央企相比，中信集团在作为国际金融中心的香港整体上市，既可尽快熟悉、学习国际先进经验，进一步"走出去"，又可将经验迅速在央企内推广复制，帮助央企深化改革，突破重重难关。

香港为中信集团保驾护航，有了这个示范之后，可推动内地其他企业到香港整体上市。虽然在此期间，香港可获取些利益，但总的来说是有利于中信集团、内地和香港地区的。

港交所是上交所的老师

上海交易所（以下简称上交所）和香港交易所（以下简称港交所）实施互联互通机制，是互利互惠的事，上交所的获益甚至更多，不是只有香港得到好处。

关于互联互通机制的出台过程，媒体已经报道了。上交所和港交所的股票之所以能互联互通，是香港特区政府、港交所行政总裁李小加及其带领的"沪港通"小组，数年来不断"跑部"，不断游说内地监管层，才争取来的。而且，这个结果是对双方都有利的，不是只为了照顾香港。

为什么这样说？一方面，互联互通固然可以刺激港股，但更可以振兴A股。A股除了比港股获得的互联互通的额度更大外，由于其沉寂多时，开通互联互通后，可吸引更多在香港的离岸人民币重返市场。这不但可以刺激A股，还可以拉近人民币离岸与在岸的价差，从而遏制游资借人民币的价差流窜回内地套利、兴风作浪。

另一方面，互联互通是为开放资本账做准备。虽然互联互通有助于香港发展和巩固人民币离岸中心的地位，但内地要改革汇率，人民币要国际化，就必须开放资本账户。而允许内地与香港股票互通买卖，就是当中的一步，不踏出这步，要往下走会寸步难行。而且，随着民众的财富增加，受限于国内投资选择不多，互联互通也可以为民众增加财富开辟新出路。

更重要的是，很多读者容易忽略一个重要的事实，那就是中央政府同意互联互通的深意是什么？在这里我要给读者解读一下。

2014年以来，中央政府在金融改革上动作连连，不但将人民币汇率浮动区间扩大至2%，而且启动国企整体到香港上市的模式，现在又实施了上交所和港交所的股票互联互通机制。这些虽然让人看起来有些目不暇接，但其中其实暗含一条主脉络，那就是伴随国企改革而来的大量集资行动。

我在上文已经提及，国企要在A股、海外集资将面临种种难题，中央政府也不放心国企直接整体到欧美国家上市。但香港能满足改革、集资的双重要求。因此，只有开通沪港交易所的互联互通，让国际市场认为香港仍是捕捉中国机遇、投资中国的最佳市场，才能吸引国际资金源源不断地到达香港市场。有了这些国际资金，再加上内地投资者通过互联互通到达香港的资金，解决大量集资问题就水到渠成了。

在香港协助国企引进国际资金的同时，港交所还可以通过互联互通使上交所引进国际市场上对公司管治、监管水平等的更高要求和准则，以此可倒逼内地的股市改革、企业改革，提升透明度与效率，推动内地股市健康发展。

而且，美国退出QE政策后，以前疯狂涌入中国内地和香港地区的热钱，会大量撤回美国，这将对中国内地股市和香港股市带来极大的冲击，甚至有可能会出现小股灾，而沪、港两地股市实现互联互通，既可以让上海的资金南下香港维稳，又能促使香港的资金北上上海支援，有助于促使两地股市形成一种互相维稳、互相支援的机制，以减缓乃至消除热钱撤回美国对沪港股市所带来的冲击。

内地与香港地区更需加强合作

读者必须要明白的是，在中央政府眼中，香港能汇聚国际资金，其国际化经验与监管水平仍然领先于上海、北京等城市，加上香港已经回归，中央政府对香港的信任程度要远高于其他国际金融中心，中央政府未来无论是要推动资金对外开放、企业走出去，还是要进行股市改革、金融改革，都会不断以香港作为改革"试验田"。

实际上，在中国未来的发展中，香港对中国内地的重要性越来越高，香港过去承担着中国内地"引进来"的历史任务，现在更肩负着带领中国企业"走出去"的任务。简单而言，只有越来越国际化的香港，才能帮助内地经济进一步发展。香港现在充当的是"引航者"的角色，缺了香港这个"老师"，内地只能摸着石头过河。

不管读者承不承认，无论是中信集团整体到香港上市，还是沪港交易所的互联互通，对内地和香港地区来说，都是双赢的。那种认为内地给香港地区送礼的"恩主"想法，对双方的长远合作是有害无益的。

我要着重提醒读者的是，在新时代下，内地和香港地区的民众只有互相融合、互相支持、互相理解、互相促进，取长补短，减少猜测、指责、谩骂和矛盾，才能深入发挥双方的优势，从而促进双方升级，共同踏上新台阶。

这就像法国著名作家雨果（Victor Hugo）所说的那样："世上有一种东西比所有的军队都强大，那就是恰逢其时的一种思想。"（Greater than the tread of mighty armies is an idea whose time has come.）

美国退出QE政策后，内地与香港需加强合作

在美国退出QE政策的进程中，内地与香港除了在股市领域加强合作、共同对抗QE退出所带来的冲击外，是否还需要别的合作？

当然需要。内地与香港还应当在外贸方面深度合作，尤其是外贸大省广东与香港进行深层次合作，以此抗击美国退出QE政策对出口所带来的冲击。

可以说，中国要想出口好，香港还是少不了。中国的发展，没有了香港是不行的。

自上海自由贸易区2013年挂牌成立后，各地也已纷纷申请设立自由贸易区。拥有广州南沙、深圳前海及珠海横琴三大平台的广东，申请自由贸易区也是如箭在弦，蓄势待发。

广东不能输掉的自贸区之战

从广州自身来看，自由贸易区"上海版"已经启动，如果广东还继续观望，恐怕未来不仅要输在起跑点上，纵使奋起直追，难免也是力不能及，在珠三角地区与长三角地区的竞争中落后。同时，从长远来看，广东经济要转型升级、深化改革，令发展再上一个台阶，也急需更开放、宽松的政策支持。

从国家层面考虑，一方面是要寻找发展经济突破口。在当前欧洲、新兴国家经济仍难强劲复苏的情况之下，对外需求已逐渐减少，加上美国退出QE政策，对外需求将进一步缩减。新兴国家为了抢占国际市场，很可能会引发国际贸易战。未来的中国外贸出口额将遭遇困境，设立自由贸易区试验区，可以探索如何扩大作为拉动经济发展的三驾马车之一的外贸出口总额，以及推进贸易投资更加自由化、便利化和境内离岸金融发展，从而成为拉动经济进一步增长的新引擎。

在这里还要提醒读者注意的是，中国打响自贸区之战更深层的意义是要积极应对国际贸易新秩序。2008年全球金融危机全面爆发后，欧美国家在国际经济中的话语权随之下滑。美国认为现有的世界贸易组织规则对发达国家的贸易红利消退是下滑的主要肇因，因此美国转而力推《跨太平洋伙伴关系协议》、《跨大西洋贸易与投资伙伴协议》，希望借此构筑有利于欧美国家的国际贸易新规则，以继续维持美国在世界经济中的主导地位。在国际贸易新规则未完全形成前，中国加快设立自由贸易试验区积极应对，是要避免在未来世界经济发展中陷入被动，以便更主动地寻找广阔的国际贸易市场。而且，建立自由贸易试验区符合国际贸易的最新发展趋势。

因此，无论是为广东自身发展还是基于国家战略考虑，广东设立自贸区已是势在必行。不过，已经拥有广州南沙新区、深圳前海新区和珠海横琴新区三个国家战略发展平台，具有既存的政策优势而且面积广大、开发潜力强的广东，在向中央政府争取建设自贸区时，必须要有非常充分的申请理据，证明广东设立自贸区有利于广东，也有利于国家，其经验更能推广到全国各地，而非仅仅为了人有我有，这样才能够凸显出建设自贸区的意义。

所以，广东利用香港、澳门对外开放程度高的优势，联合香港、澳门两个特别行政区政府共同向中央政府申请建立面向港澳、面向国际的自贸区。

与港澳联合成立自贸区对广东而言至少有三大好处：一是可以通过该自贸区深化改革，扩大对外开放，深化广东、香港、澳门的合作，构建广东开放型经济新体制；二是可利用与港澳地区建立共同自贸区的契机，联合香港、珠海进一步向中央政府要求成立特区协调中心，以此推进三地的深度合作和高度融合，促使香港、澳门、珠海在经济上互补、互相借力，以在未来的未知挑战中立于不败之地；三是广东联合港澳地区申请自贸区，其自贸区的覆盖面才够广，才能提出真正有突破意义的申请方案，与上海自贸区服务整个长三角区域、天津自贸区服务京津冀都市圈互相竞争。

对于香港而言，与广东联合成立自贸区对自身发展也非常有利。香港近年的发展面临了运作成本高、经济腹地小和缺乏发展空间等挑战。同时，香港的不少竞争优势也在逐年减弱，如全球最大货运港的优势已被新加坡和上海取代；香港制造业的光环已在珠三角东部城市制造业的快速发展下逐渐消散；香港金融业也在上海、新加坡的追赶下面临挑战。因此，香港到了急需巩固优势、找寻新经济增长点的时候。香港无疑希望抓住自贸区这个契机，以开拓"一路向北"的发展路径，拓展拥有13亿人口的内需市场。

对于澳门而言，虽然其面积、经济实力均比广东、香港小，但成立自贸区却不能也不应缺少澳门的参与。所谓不能是因为国家过去所有给予香港的优惠政策，都会同等给予澳门，代表对两个特别行政区一视同仁，因此未来自贸区所有的优惠政策，只要香港享有的，就不能独漏澳门；所谓不应，是指澳门已经与珠海的横琴展开了紧密的合作，而且澳门与葡语系国家联系频繁，可通过澳门加强与葡语系国家乃至拉丁语系国家的经贸往来，无论是在自贸区的竞赛、国际的营商发展和互补、珠三角乃至泛珠三角的发展融合中，都需要而且必须有澳门的身影。而澳门与广东、香港联合设立自贸区，既可以避免单打独斗，独立发展经济，又可以借助自贸区壮大自身的优势和能力，这无疑是个双赢的选择。

广东设自贸区，难在三地协调

读者必须明白，虽然广东对设立自贸区雄心勃勃，但过程中也遇到了不少急需解决的问题。首先，广东设立自贸区涉及广州、深圳和珠海三个城市，范围包括广州南沙新区、深圳前海新区、珠海横琴新区及广州白云机场综合保税区四个区域，总面积超过931平方千米，远超目前上海自贸区的规划面积28平方千米。那么，在这四个区域里，哪一个区域将成为自贸区的中心？自贸区的启动区应该设置在哪个区域？

对此，有人认为应该把广州作为自贸区的中心和启动区域。因为广州是省会城市，更方便决策。但也有人认为应该改变思维，把自贸区的中心和启动区域放在珠海。一方面，随着港珠澳大桥将建成通车，珠海将成为唯一连接香港、澳门的城市，作为港澳地区交汇点的珠海，将有利于加强自贸区的沟通和合作，相信这也是港澳地区所乐见的。另一方面，相对于广州、深圳，珠海更有后发优势，在地域空间、环境空间和人文的优势上略胜于广州、深圳两地；而且，《中共广东省委广东省人民政府关于进一步促进粤东西北地区振兴发展的决定》在2013年颁发后，大力推动粤东西北地区发展将是广东省未来的重点施政方向，而大力发展珠海甚至是政策向珠海倾斜，可以有力拉动珠三角西部乃至广东西部的进一步发展。

总之，如何令四个区域、三个城市合作无间，以发挥"1+1+1+1 > 4"的优势，需要三个城市的相互沟通和协调。

更加要紧的是，广东须解决如何取得澳门、香港两个特别行政区的信任和配合问题。由于广东、香港、澳门三地的关系已经随时代的改变而大不相同：早在20世纪80年代，广东、香港、澳门三地尤其是广东、香港两地像是在谈恋爱，如漆如胶；在1997年、1999年，香港和澳门相继回归中国之后，三地则像结婚多年的夫妇，感情趋于平淡；如今，三地的关系感觉像已结婚多年但依然没有孩子的夫妇，如果继续淡薄下去很可能渐行渐远。因此，广东、香港、澳门合作设立的自贸区，很可能成为重新修补和拉近三地感情的"孩子"。

但是，在还没有生"孩子"之前，澳门、香港仍有一些顾虑。由于澳门相对广东和香港两地经济结构单一、经济实力最弱，澳门特区政府无疑会有不加入自贸区将边缘化、加入自贸区会"靠边站"的疑虑。澳门特区政府将在自贸区当中寻求一个定位、一个获得充足利益的席位。

香港特区政府的疑虑更大，香港已经是全球最开放的经济体之一。设立上海自贸区，也只是希望再造一个"1.0版本香港"。广东如果与香港共同设立自贸区，这个自贸区该如何定位？是进一步充分利用香港设立一个类似"2.0版本香港"的自贸区，还是仅仅复制香港，在广东省内另外再打造一个香港呢？

加上，香港特区行政长官梁振英曾在2013年提出，在未来的合作中，香港希望担当"超级联系人"（Super-connector）和"首席知识官"（Chief Knowledge Officer）的角色，既为广东乃至泛珠三角地区发展提供所需信息、国际联系和引进资金、人才和技术，又帮助世界各地经贸界了解中国。梁振英的潜台词，是希望广东担当香港的"超级支持者"（Super-supporter）角色，通过粤港的互补、合作和借力发展，最终达至两地共赢。对于这些定位问题和具体合作细节，广东与香港两地需要探讨得透彻和清楚。

自贸区不可或缺的内容

广东的广州、深圳和珠海三地之间以及广东、香港、澳门之间，该如何分工、合作和协调，以取得共识后联合向中央政府提出申请，设立名为"粤港澳自贸区"或者其他名字的自贸区，以及中央政府何时能批复该自贸区成立，有待进一步观察。

甚至很有可能由于香港、澳门的顾虑，加上中央政府可能鉴于广东如与港澳合作设立自贸区，其开放程度将形同已完全自由化的香港、澳门，可能对国家的金融、经济安全带来冲击的考虑，广东、香港、澳门三地合作自贸区将不获批。因此，广东很有机会将独立向中央政府申请设立自贸区，改与港澳地区深层次合作。

但是，不管广东是和港澳地区合作设立自贸区，还是单独建立自贸区，根据各方的信息反馈，未来广东将设的自贸区，会把国际贸易放首位，同时兼顾金融发展，在具体政策内容方面至少应当包括四个方面的探索：

其一，全面推行面向港澳的服务贸易自由化措施。内地与港澳地区服务贸易自由化，有望在2016年前全面实现。在未实现之前，广东与港澳地区应该会先全面发展港口作业、中转、国际配送、国际采购、转口贸易、出口加工和展览等服务贸易业务措施，将其在2014年逐步推广到珠三角地区。这些措施成熟、实施情况良好之后，将把相关措施、经验进一步推广到泛珠三角地区乃至全国各地，以促进全国的服务贸易自由化。

其二，通过建设新海上丝绸之路，进一步发展与东盟国家乃至中东地区的经贸关系。早在明朝，中国的瓷器、丝绸等商品，就通过海上丝绸之路到达南洋、中东地区，令中国与上述地区建立了经贸往来。由于港澳地区历史上曾在海上丝绸之路担当重要角色以及发挥桥梁作用，广东的自贸区未来将建设新海上丝绸之路，通过港澳地区进一步加强与东盟国家、中东地区的往来。

广东的自贸区在与东盟国家合作方面会进一步深耕：一方面将联合参与东盟国家的基础设施建设，这有利于解决产能过剩问题，给广东省乃至全国各地的经济转型升级带来更多时间；另一方面将开拓东盟的消费品市场，为东盟国家提供比发达国家的产品更价廉物美、性价比高，且有一定技术含量或资本密集型的消费品，同时也推动广东的出口。

再者，广东将与港澳深层次合作，将一些劳动密集型制造业企业从广东转移到东盟低收入国家，以享受这些国家的低劳动力成本、资源优势以及正在释放的人口红利。此外，广东更应当通过港澳地区"走出去"，向东盟国家输出资本，投资该地区丰富的能源与矿产资源储备。与此同时，在投资过程中扩大人民币的使用范围，推动人民币国际化进程。

其三，通过自贸区巩固、发展与英语国家的关系，并扩大与拉丁语系国家的经贸关系。作为中国重要的对外门户及转口港的香港，由于形成了中英文并重的语言文化环境，与英国、美国、加拿大和澳大利亚等英语国家联系密切，这不但极大地促进了香港的发展，也增强了中国与欧美国家之间的经贸往来。

广东未来设立的自贸区，除了继续利用、保持、发展香港的这一优势外，还应当借助澳门发展与拉丁语系国家的经贸关系。由于历史原因，澳门与葡语系国家有天然的联系，加上葡语与法语、西班牙语等同属拉丁语系，涉及南欧、非洲和拉丁美洲约有三十多个国家，新设立的自贸区应推动澳门进一步发展与拉丁语系国家的互动关系。这既可以重点发展双边的国际贸易，促进商品交流，增加贸易往来，又可以在广东与港澳共同设立的自贸区内发展离岸人民币业务，推进与拉丁语系国家之间以人民币直接进行货物和服务贸易结算，以促进中拉贸易更加便利化，为人民币国际化打开更多突破口。

此外，香港和伦敦、纽约组成"纽伦港"的英语全球金融网络的经验也可资借鉴。广东新设的自贸区，未来可通过推动澳门与拉丁语系国家中的巴黎、卢森堡和里约热内卢等金融城市组成拉丁语系的金融网络，来加强拉丁语系国家之间的金融合作。

其四，共同成立国际财富管理中心。香港现在已经是最大的人民币离岸中心。广东通过与香港深度合作，除了进一步发展、探讨人民币离岸业务、资本项目开放、提高人民币每日兑换上限等项目外，预料还将共同成立国际财富管理中心。

随着内地经济蓬勃发展，不少先富起来的民众希望进行离岸财富管理，以让资产保值、升值，但当前的内地私人银行存在财富管理人才、产品不足，而且相关法制、会计等机制暂时未与国际接轨等情况。至于港澳地区尤其是香港，尽管拥有成熟、稳定且与国际接轨的金融基建、法制、信誉等硬件和软件条件，但受制于国家目前依然实施的外汇管制，内地的资金较难流向香港、澳门，而香港、澳门的私人银行产品也暂时难以直接进入内地。

因此，广东将在自贸区扮演中间人角色，率先与香港、澳门加强财富管理的合作、互补，搭建广东、香港、澳门三地财富管理的服务桥梁。这既可以让香港、澳门的私人银行得以服务泛珠三角地区乃至全国，也可以让港澳尤其是香港进一步发展包括国际财富管理中心在内的非传统金融投资服务，让相关的机构和人才在磨炼中遇强愈强，发展、巩固其国际金融中心地位。

上海设立自贸区及其他城市争相申报自贸区，尽管吸引了全国人民的目光，但外国舆论最常问的一个问题是：How free is it？（有多自由？）语气中带有颇多疑问。

相信广东未来将设的自贸区，由于坐拥港澳固有的制度优势，必将成为世界上最大、最繁华、最自由、最受认可和最让人寄予厚望的贸易区之一，也将不会再面对同样的疑问。广东、香港、澳门三地乃至全国各地，无疑都将受惠于该自贸区的建立。

阿里巴巴为何选择去美国上市？

美联储退出QE政策之后，过去从美国流出去的钱都会呼啸着回美国，同时，欧洲、日本仍然在继续着大印钞票的政策，在资金如此充沛的情况之下，阿里巴巴在美国上市估值高，能卖个好价钱。

至于为何暂时不选择在香港上市，是因为阿里巴巴与香港有"旧恨新仇"。

然而，我估计阿里巴巴未来还会在香港上市，这是为何呢？

电商巨头阿里巴巴赴美国上市计划顺利完成，不但成为2014年中国产业界的最大新闻，也是全球金融市场的第一大焦点。

阿里巴巴此次急忙启动到美国上市的程序有很多原因，其中有两个原因读者们是不能忽略的。

第一，阿里巴巴看到中央政府在规范互联网行业发展的情况下，未来会越来越强势主导互联网行业发展，阿里巴巴以后的业务很有可能会受到很大限制，所以趁这个事情还没有来临之前，赶快上市，争取卖个好价钱。

第二，美联储退出QE政策之后，过去从美国流出去的钱都会呼啸着回美国家乡。再加上，欧洲、日本也仍然继续着大印钞票的政策。这些钱涌往美国之后，是不会躺在银行账户上睡大觉的，而是会转向美国股市、楼市和汇市等资本市场兴风作浪，追逐利润，多数科技网络股的股价到时会在大量资金的刺激下继续上涨。

因此，阿里巴巴或者即将到美国上市的中国科技网络公司，所挑的时机还是比较恰当的。因为在有资金、有憧憬的刺激下，科网股更高的高潮即将来临，包括阿里巴巴在内的赴美上市的中国科网公司无疑将获利。

但有读者对此产生疑问，为什么阿里巴巴要如此舍近求远，千里迢迢跑到美国上市，为什么不选择在同样是国际金融中心的香港上市呢？

在这里我可以告诉读者们，阿里巴巴原本是最希望在香港上市的，但最终改在美国上市，这当中发生了不少有趣的故事。

阿里巴巴的上市计划，曾在2013年意外演变成一场从香港金融界蔓延到普通市民的大辩论。集团董事局主席马云为了力挽狂澜，2013年底曾在香港大搞"形象工程"，除了邀请香港媒体前往阿里巴巴位于杭州的总部参观，还专门安排香港的大学生到阿里巴巴实习。马云也不忘大打"感情牌"，公开感性地说自己将在香港度过晚年，也已经买了养老的房子："我爱香港，每次望着维港景色，我的心情就特别的轻松……全世界的交易所都邀请阿里上市，但我希望香港是阿里上市的首选地。"

马云的积极姿态无疑为他在不少港人心中加了分。平心而论，阿里巴巴赴香港上市将令香港得益不小。众所周知，阿里巴巴无疑将成为继脸谱（Facebook）以来全球第一大首次公开募股（Initial Public Offerings，简称IPO）的电商，也将助香港交易所（以下简称港交所）登上全球IPO集资"一哥"宝座。更为重要的是，阿里巴巴和腾讯两大科技网络巨头均在香港上市，将吸引大批科网公司、创新型公司到香港上市，提高香港在新型信息化中的竞争力。香港股民也无疑有更多"择优选股"的投资机遇。

按理说，马云以及阿里巴巴给香港带来诸多好处，港人理应欢迎他，也理应乐见阿里巴巴在港交所上市才是。然而事实是，香港舆论对马云批评有之、讽刺有之，直言反对阿里巴巴到港交所上市的声音也很大。

为什么马云说他爱香港，但香港很多人却不爱他？这当中有何大家不知道的秘密呢？

港人对马云有"旧仇新恨"

港人跟马云有一段"旧仇"——阿里巴巴2007年11月曾在香港上市，而2012年就撤销了在港交所的上市地位。阿里巴巴在港交所上市的约5年里，仅派了两次息，总共才0.42元（港元，下同）。而私有化的价格则是13.5元，竟然与招股价一致。而表面上香港投资者是收回了本金，但计算上通货膨胀率和利息，投资者实际上反而亏损，这引发众多香港投资者的强烈不满。他们更将马云形容为"偷走散户青春的大盗"。

因此，马云在事隔一年多后提出希望阿里巴巴重回港交所上市，这理所当然遭到了不少投资者的大力反对。毕竟，阿里巴巴此前在与港人"结婚"5年后，不但"薄情"主动提出"离婚"，而且支付的"分手费"还非常微薄，表面上是付回了"嫁妆"，像是有点良心，但实际上却是让把钱给阿里巴巴打拼5年的"长情"港人投资者们，伤了心也伤了"金"。港人投资者们认为马云只想"共患难"不愿"共富贵"。

如今马云希望"复婚"，自然引发了众多投资者的强烈反对。这就好像刚被抛弃的女人面对前夫突如其来的复婚请求，大概都不会表示："谢谢你骗了我5年，欢迎再骗下去。"

此外，港人对马云还有"新恨"。阿里巴巴如今晋身全球科技股巨头，这次赴港交所上市也跟上次大大不同，要求香港为其"私人定制"，以"合伙人制"上市。这意味着包括马云在内的阿里巴巴合伙人将持有较少股份，却拥有对公司较大的支配权。这种"同股不同权"的要求意味着马云希望"鱼和熊掌兼得"，既想享有上市公司带来的筹集资金的好处，又想继续以掌控私人公司的模式来运营上市公司。这与香港现行的"同股同权"上市规则相悖。

不少业界人士包括港交所总裁李小加都认同阿里巴巴"同股不同权"的要求，认为创始人持股少是一些科技网络公司发展过程中共有的特征，为了促成阿里巴巴在港交所上市，港交所应积极展开推动上市公司股权结构咨询的工作，以便为阿里巴巴"私人定制"的要求开绿灯。而且，由于IPO市场上的强大竞争者美国对上市公司就设有"同股不同权"的制度，一些人也呼吁香港应该学习国际经验，与时俱进，为阿里巴巴打开方便之门。

但是，香港大部分的舆论依然表示反对：一方面批评马云此举是希望凌驾游戏规则，这将冲击香港金融中心核心价值的底线；另一方面忧虑如果"同股不同权"获通过，马云等合伙人便容易操控公司，散户投资者的利益将会失去保障。

何况，尽管美国对上市公司设有"同股不同权"的制度，但这并非是为科技公司上市而设，而且美国对上市公司所设的"同股不同权"制度与其法律上的集体诉讼制度相配合，令股东权益受到保障。而香港却无此保障。加上全球只有美国拥有这种制度，其他西方国家并没有，香港如果简单抄袭美国的相关制度，给阿里巴巴放行，恐怕会在法律体系上留下漏洞。

当然也必须承认的是，香港个别舆论对马云、阿里巴巴的指责声音过于严厉，这是因为阿里巴巴的网购业务已经对一些内地和香港两地的开发商所经营的商场带来了极大的冲击。所谓在商言商，商场如战场，部分香港商人自然会利用舆论攻势，对竞争对手阿里巴巴大加鞭挞。

但对于阿里巴巴而言，更为重要的则是香港特区政府以及监管部门香港证监会，也对放宽"同股同权"的必要性表示质疑。

如果把阿里巴巴比喻成一支希望出场竞赛的球队，那么港交所就是球队的"领队"。在赛前虽然港交所尽职尽责，极力希望修改球场规则，帮助阿里巴巴顺利出场比赛甚至取得好成绩，但是作为裁判的香港证监会的职责则是公正、公平和坚持原则。如果为了一支球队修改规则，哪怕这支球队未来能得世界冠军，那么以后的球队都会要求按照此新规则比赛，而且万一此前的参赛球队觉得不公平，还会要求按照新规则重赛。

也许有外界人士因此认为香港证监会头脑僵化、不懂与时俱进，甚至批评香港有莫名的优越感，歧视"新贵"。但实际上，这并不是香港证监会第一次说不。

在香港未回归之前的20世纪90年代初，在香港聘用了数十万名员工，拥有美心、惠康超市、万宁、货柜码头和投资银行等大量本地企业的英资怡和系，其大股东凯瑟克家族当年也是以10%左右的股权，控制整个怡和系王国。由于担心遭受香港华人财团的狙击，加上对香港回归后的状况信心不大，"怡和系"一方面强烈要求香港证监会豁免其遵守香港"同股同权"的上市规则及收购合并守则，威胁如果不能得到豁免将会撤销在香港的上市地位；另一方面还通过当时的港督彭定康和其他港英政府高官向香港证监会施压。

虽然怡和系给香港证监会施加了极大的压力，但香港证监会还是顶住了压力，选择向对香港社会、经济乃至政治都影响颇大的怡和系说不。结果，怡和系在1994年宣布终止在香港上市，转向新加坡上市。怡和系宣布这一消息当天，随即引发股灾，当天恒生指数即大挫4%。虽然怡和系的离开给香港带来了重大的资金损失，但香港证监会的强硬让后来更多在香港上市的公司遵守规矩，也让香港股市在全球投资者心中的信誉更加牢固。

同样的事情近年也发生过。就在2011年，备受港人喜爱的英超劲旅"红魔"曼联球队曾考虑来港上市，其大股东格雷泽家族为了紧握操控大权，也曾提出以A、B股形式上市，要求同股不同权，但最终香港证监会没有为其"开绿灯"。曼联最后只好选择2012年在美国纽约上市。

由此可见，对于阿里巴巴到香港上市提出的"同股不同权"的要求，香港证监会和舆论并非为了说不而说不，而是不愿为眼前利益牺牲长远利益和香港市场的声誉。

阿里巴巴上市的选择不多

马云先硬后软的态度背后的意图，其实已被港人基本摸透。虽然马云曾表示"全世界的交易所都邀请阿里上市"，仿佛除了香港外，阿里巴巴的选择很多，但实际上阿里巴巴的选择并不多。在中国A股市场方面，众所周知A股也实行"同股同权"制，而且A股市场当前不支持境外注册企业上市，在A股上市也不利于阿里巴巴的国际化进程，诸多原因都令外界相信马云不大可能选择在A股上市。

美国方面虽然允许"同股不同权"，但是近年来美国展开了围堵中国的国策，加上监管部门对上市公司监管严厉，动辄集体诉讼，而且还对中国企业发动"审计风暴"。在这种情况下，旗下商品良莠不齐、集团体系更是错综复杂的阿里巴巴，到美国上市有相当大的风险。而且，美中关系安全委员会在2014年6月底更发布一份报告，称阿里巴巴的VIE结构有重大风险，可能会损害投资者利益，这无疑将进一步影响阿里巴巴在美国的上市。

在新加坡方面，由于新加坡市场狭小，集资额将被迫大幅降低。美国和新加坡两者还有一个最大的共同缺陷，就是阿里巴巴作为一个外国企业，并不容易受到本地投资者追捧，上市后的成交额也就不会很高，这显然并非马云等管理层所乐见的。

所以，虽然马云说"不在乎在哪里上市，但在乎上市地方是否支持合伙人制度"，但实际上阿里巴巴的选择不多，而且目标基本上锁定在美国和香港。

虽然如今阿里巴巴已经在美国上市，但是在上文我所说的诸多因素的影响下，阿里巴巴未来的发展离不开香港。笔者举个例子，读者看完就知道了。

阿里巴巴赴美国上市前夕，曾委任香港前特首董建华为集团独立董事。阿里巴巴为何要借助董建华造势呢？

一方面，董建华有助于阿里巴巴积累国际人脉。董建华的家族与西方各国的政界与商界建立了紧密的沟通与合作关系。这可以协助准备到美国上市的阿里巴巴迅速积累西方人脉，有助于阿里巴巴进一步国际化，全面走向世界。

另一方面，董建华可以帮助阿里巴巴处理上市前后出现的问题。如果你认为美国官场是一片净土，那就错了。

请读者注意，这不是笔者说的，而是美国政治与经济趋势评论专家、李佛·特怀斯经济研究与顾问公司总裁卡拉贝尔（Zachary Karabell）说的。

他在其著作《超融合：中美经济合体如何决定世界繁荣》里举例称，美国公民或许以透明度和法治自豪，但如果你不认识主管规划委员会的相关委员，就想在美国一些州做土地买卖或房地产开发也会寸步难行。委员会将会核查各项法规，拖拖拉拉要过好几个月才核发执照，不然就是提出各种区域划分问题，让你的计划变得行不通或者手续费贵得吓人。但如果你认识委员会相关的人，他就可以帮你打通关节，上述问题就不会成为问题。卡拉贝尔最后总结称："每个社会都会有些独特的，没有形诸文字或列入法规的做事方法。"

我在上文提到，阿里巴巴赴美国上市，不但需要应付美国的监管、法律风险，也要面对美国的一些"潜规则"问题。而董建华是中美交流基金会创会主席，经常通过自己在美国政界与商界的人脉，大力推动中美民间外交，因此在美国政界与商界的地位比较高，可以协助阿里巴巴解决美国的"潜规则"问题，使其在美国上市更加顺畅。

实际上，除了董建华外，董建华胞妹董建平的女婿姚允仁，也于2013年加入阿里巴巴新成立的机构——融资部。相信阿里巴巴此举看中的就是董建华的家族在美国的强大人脉。

从阿里巴巴委任香港前特首董建华为集团独立董事这件事可以看出，中国企业要"走出去"，直面国际社会，除了依靠自身努力外，还需要依靠具备国际人脉的外力的支持。

而既具中西交汇特色，又深具国际化、与国际无缝对接的香港，正好可以充当"引航员""中间人"的角色。也只有内地和香港两地的企业、民众合作无间，才有助于中国企业"走出去"并加快国际化进程，如此才能达至共赢局面。

因此，笔者估计，随着时间的推进，当香港有关机构与阿里巴巴都意识到两者合作比"分手"更有利时，加上港交所的积极斡旋，最有可能的结果还是香港方面和阿里巴巴方面都作出一定的让步，商讨出一个双方都可以接受的上市方案。阿里巴巴除了在美国上市外，未来很可能会把香港作为第二上市地点，或者分拆业务到香港上市。

总之，有人说，香港是一本难以读懂的书，需要花长时间来阅读，这引得不少来港人士纷纷表示认同。香港这本书马云过去曾读了5年，如今正准备再次阅读。

马云只有认真读这本书，明白香港巩固、发展国际金融中心的核心价值所在，才能算是真正、深入地读懂香港和爱香港，香港也才会对马云有所回馈。阿里巴巴与香港的这场漫长而波澜起伏的"恋爱旅程"，实在值得所有准备到香港上市的内地公司参考与借鉴。

第五章

读者篇：美国QE政策远去对大家的冲击有多大？

　　许多人之所以做不了富人只能当穷人，往往是因为他们以为能让自己脱离贫穷的因素，其实反而是自己变穷的根源。

　　美国退出QE政策后，随着热钱撤离，中国经济放缓，民众要想成为富人，是否难上加难呢？未必如此。

　　中国的房价又是否会因为美国退出QE政策而下跌呢？持肯定看法的人，我只能说他不懂中国的房地产市场。

　　大家喜欢的科网股，会否因为美国退出QE政策而泡沫爆破呢？中国股民在美国退出QE政策后，要如何炒股才能赚钱呢？

你为什么会穷？

> 美国退出QE政策，绝对不是让大家变穷的原因。恰恰相反，许多人以为能让自己脱离贫穷的因素，反而是自己变穷的根源。
>
> 读者如果可以扭转旧思维，动手改变自己，即使在美国退出QE政策，中国也不再推出经济刺激政策的情况下，大家也都能成为富人。

一说到为什么会穷，中国人总是觉得因为政府没有大力推动经济发展、政府没有帮助穷人、穷人没有接受过良好教育、身体疾病、找不到高薪工作，甚至是老天爷瞎了眼，所以自己才会成为穷人。

但是，笔者要告诉读者们的是，真相恰恰相反，你以为能让自己脱离贫穷的因素，反而是你变穷的根源。更严重的是，如果你不知道变穷的真相，不但你会穷，你的子子孙孙都会一直穷下去。以下笔者将告诉读者几个你所不知道的变穷真相。

政府越刺激经济，你越穷

政府越大力主动刺激经济增长，你越穷。这话是否耸人听闻？如果你认为经济增长，收入就能水涨船高，那你就错了，而且还是大错特错。

在这里笔者可以告诉各位读者，早在20世纪70年代，美国经济学家伊斯特林（Robert Easterlin）就给大家揭露了这个真相。他在自己的著作《经济增长是否改善了人类命运？一些实证证据》（*Does Economic Growth Improve the Human Lot? Some Empirical Evidence*）中指出，经过分析多个国家的情况，他赫然发现"经济越增长，越能提升收入，幸福感就越高"这个结论并不能完全成立。

举几个例子，以便让读者进一步了解这个真相。美国由于遭受全球金融危机的冲击，急忙祭起QE政策应对，务求支撑经济的发展。虽然美国不断疯狂印钞票来扶持经济，推动国内生产总值的增长率由2008年的1.3%，上涨至2013年的1.9%。但是，一个很有趣的现象是，美国经济增长速度加快并没有让民众收入增加，反而使民众越来越穷。2008年全球金融危机全面爆发前夕，美国家庭收入的平均数超过5.5万美元，但2009年美国家庭收入的平均数仅为5.4万美元，2013年更跌至5.2万美元左右。读者知道这些数据代表什么吗？这代表虽然美国政府大印钞票以扶持经济，但美国民众的收入却下降了超过6%。

政府越扶持，民众越穷的例子仅发生在美国吗？当然不是，在日本，安倍政府自2012年底上台以来，同样采取了狂印钞票以推动经济发展的政策。但结果如何呢？我们可以看一组数据：日本厚生劳动省公布的数据显示，日本2011年每户家庭的平均收入约为540万日元，但2013年这一数字则约为520万日元，收入已降至1988年的同等水平。

至于欧盟国家，情况也差不多。即使欧洲各国政府都采取了不少促进经济增长的措施，但多数国家的民众收入依然下降，失业率依然高企。

不过，你可能想不到的是，统计还显示，西方国家中的10%的家族，却能攫取政府扶持经济增长中约90%的收入增长，他们能获得最大的收益，而普通民众收入却是越来越少，变得越来越穷。

最低工资越高，你就越穷

政府越保护穷人，穷人则越穷。读者是不是觉得这个观点很不合逻辑？在大家的观念之中，政府只有对富人们增加税收、增加转移支付、加强工会对企业的讨价还价能力，以及不断提高最低工资水平，才能提高穷人的收入，让穷人富起来。

实际上，很少有中国人知道，这种逻辑是不健康的，是有害的。1990年，德国统一后，面对当时超过10%的高失业率，德国政府并没有拿富人和企业开刀，而是一方面对劳动法律进行改革，推出限制工资增长、降低养老金等缩减保护劳工的措施；另一方面为企业负责人和富人创造更加灵活、自由和宽松的运营环境，促使经济更加市场化。这使得德国的劳动力成本比欧盟其他国家的成本低很多，在增加了外资企业、本国企业扩大投资德国意愿的同时，也极大地促进了出口，令德国一度成为世界最大的出口国。

德国政府采取的这种在读者们看来非常不合逻辑的做法，却最终促使德国成为欧洲当前的第一大经济体，德国民众的收入也逐年上涨，人均收入比法国、英国和意大利都要高。

为什么德国政府要这样做？因为如果政府过于强调工人的权益，甚至不尊重市场规律，强制要求企业提高最低工资水平，给工人加薪，只会导致企业的经营成本加重，从而会导致出口产品价格竞争力下降、出口减少，影响盈利，造成企业缩小经营规模或者转往他国投资，就业人数下滑，最终受影响的还是穷人。

房子越升值，你越该害怕

有读者想过自己的房子越升值，自己会越穷吗？没有的话，我现在就告诉你为什么。

房价上涨对于多数买房自己居住的人来说，只是纸上财富增加了，实际财富并没有真正增加。但是，由于房价上涨容易给人们一个幻觉，觉得自己有钱了，所以人们往往就会增加消费，养成大手大脚花钱的习惯。这一方面会导致积蓄减少，另一方面人们容易利用已经增值的房产加大抵押借贷，甚至直接炒房投资。

这种后果是非常严重的。因为房价不会永远上涨，一旦房价出现下跌甚至是大跌，就容易引发连锁反应甚至爆发金融危机，不少家庭就会资不抵债，引发信用、财务危机，严重的将导致破产。

这种情况在西方国家不是没有发生过，也不是没有学者对此提出过警告。IMF前首席经济学家拉詹（Raghuram Rajan），就曾在他的文章《断层线》（*Fault Lines*）中这样写道：美国政府采取鼓励中低收入者进行借贷的政策，例如补贴和贷款担保中低收入者买房，然而这些借贷方式却难以长久，只会造成中低收入者变有钱的假象，这不但促使他们养成透过更多负债来维持消费的习惯，更连带会使信用卡债务暴增。

这种情况会导致严重后果。读者们如果有看新闻，应该都知道美国2007年爆发的债务危机导致大量民众倾家荡产，随后还引发了全球金融危机，引发大量民众失业。美国的失业率在2009年曾一度超过10%，有房的、没房的民众最后都一起变穷了。

看到这里，你是不是觉得自己已经完全知道为什么会变穷的真相了？真这样认为的话，那你又错了。还有一点笔者刚刚没有说，留到现在才告诉你。

你是否问过自己一个问题——你真的穷吗？在20世纪六七十年代，中国的老百姓普遍没有觉得自己穷，因为身边的邻居、朋友、同事甚至是领导家里的情况都和自己差不多，相比之下，就没有觉得自己穷、别人富了。

但是，20世纪90年代以来，由于一部分人"先富起来了"，其他暂时没有那么快富起来的人，不管自己的收入也在上涨的事实，而是不断把自己的存款与有钱人作比较。一比较之下，发现有的人收入比自己高，哪怕身边有一个人比自己有钱，都会觉得自己穷了，没有其他人那么富有。

所以，我要坦率地告诉读者，其实是由于你喜欢和人比较，所以才觉得自己穷。在这种"比上不比下"的心态下，在这样一个有钱就等于成功的社会下，不少人会时时刻刻认为自己比别人拥有的更少，从而产生了更多的物质欲望，在一时难以得到满足之下，会觉得自己越来越穷。

多去大学进修，你才不穷

对于普罗大众来说，怎么样才能不穷？对于这一问题，日本趋势大师大前研一早在14年前就已给出答案。他在当年出版的著作《.com风暴》中指出，新世纪的精英分子指的是可以在知识上创造附加价值的人。在这个知识经济时代，只有依靠自己，掌握知识，尤其是掌握别人没有掌握的知识，你才能富起来。

读者要明白的是，真相往往很残酷，现在随着生产力的迅速更新换代，全球化趋势的不断深化，低技能、低学历、缺乏竞争力的员工，由于其岗位实在太容易被自动化取代，甚至被外包到人力资源较便宜的地区，从而导致其收入大幅减少甚至失业，因此出现穷者愈穷的现象。

相反，机构对高技能、有才华、高学历员工的需求大大增加，以至于知识型人才的收入日益高涨。那些知识储备充分、善于掌握机会的人往往会富者愈富。

读者是不是很有兴趣了解如何才能成为知识型人才，如何才可以创造附加价值？笔者又要用大前研一的话来劝你了：即使你读完大学，甚至是拿到硕士、博士学位，已经具备实务经验，也应当不断追求新知识，不管多忙多累，都要抽出时间学习新的观念和事物，甚至进一步取得更高或更多的学位。大前研一还认为，要把大学当汽车加油站，汽车差不多没有油了，就要去加油站里加油；要不，汽车不但走不远，还会被后续的车不断超过。

看到这，你是不是才真正地体会到宋真宗赵恒在《励学篇》中说过的那句话"书中自有黄金屋，书中自有颜如玉"的意思？

为什么说美国退出QE政策甚至加息对中国的房价影响不大？

> 不少专家在鼓吹，如果美国退出QE政策，乃至美国收紧货币政策（如加息），游资就会撤离中国，楼市就会大跌。这些观点已经被不少读者视作金科玉律。
>
> 但是，美国收紧货币政策导致中国房价下跌这个观点是不正确的。在过去20年，美国经过三次加息，美国的房价跌了没有？答案是没有。而且，跟随美国加息的香港，房价不跌反升。因此，美国加息关中国房价什么事？

最近一些城市的房价开始下跌，一些专家也说房地产市场正在下行。很多读者对这些房价就要大跌的消息欣喜非常。但在这里我必须告诉读者，大家高兴得太早了，最近的房价下跌只是部分开发商需要回笼资金，而主动作出的降价行为，房价下跌的趋势是不会维持太久的。

为什么？因为中国房价并没有持续下跌的空间。只要中国人的观念不改变，中国的房价就不会真正下跌。国人需要具备什么样的观念，才能促使房价下跌呢？我认为至少需要具备四个观念。

房子是用来住的

第一个观念是，多数人必须认同房子主要是用来住的，不是用来作其他用途的。

大家如果到过一些欧美国家工作、旅游，会发现当地的民众买房子最主要的用途是居住。即便拥有房子的当地人，也不大希望房价涨太高，为什么？因为他们每年都要交一笔相当于房价总额1%~3%的物业税，房价涨了，交的钱也就多了。所以，欧美大多数国家的房价是比较平稳增长的，涨太快民众反而担心。

但在中国，房子居住的功能反而被弱化了。大多数人认为房子"拥有重于居住"，导致房子承担了代表事业有成、代表财富，甚至代表权力和占有等功能。近年来，房子还成了能否喜结良缘的关键，这导致大开发商任志强都看不过眼，认为"房子变成婚姻的条件，是因为爱情不再存在"。

由于房子在中国的责任重大，甚至已经是不堪重负了，才使得房子炒作横行，投机泛滥。如果大家的观念不改，这种投机、炒风就不会休止，房价要想下跌就很难。

而且，我还要告诉读者一个你不想面对但不得不面对的事实，那就是欧美国家的房子住上七八十年仍非常稳固，但中国的多数房子住上三四十年就会出现问题。

为什么会这样？因为欧美民众买房子是用来住的，因此对房子的要求是质量好价格低。房地产开发商自然不敢马虎，会把房子建好些，要不就卖不出去。但在中国，由于房子的居住功能减弱，其他功能增强。房价上涨才重要，房子质量是次要。不少发展商认为抢到地皮就足够了，建房子可以马马虎虎应付一下。说到底，还是中国人的观念有问题。

高房价是没罪的

第二个观念是，大家必须真正认识到，高房价是大家造成的，而且多数人也不反对高房价。

要谈高房价问题，必须要解释一个经济学概念"租值"。所谓租值，现代产权经济学创始人阿尔钦（Armen Alchian）的解释是："租值是使用资源须支付的代价。"阿尔钦的弟子、著名经济学家张五常进一步解释说：租值是收入减去（机会）成本的数值。具体到房子，其租值的大小是由房子的市场价格决定的，市场价格则是由需求决定的。

把上述语言翻译成读者们都懂的话就是，房子值多少钱，关键看读者愿意花多少钱去买，房子是不会说自己值多少钱的。套用一句最近很时髦的诗就是：你买或者不买，房子就在这里，不来不去。正是因为你想"让房子住进自己的心里"，对房子产生了需求，而且需求非常殷切，房价才会水涨船高。

因此，当人们都有这样的需求时，房子的供应一定满足不了所有人，房价必高。更重要的是，我看到有媒体报道说，中国有七成的民众已经拥有一套或以上的住房，我不知道这个数据是否准确，但超过半数的人拥有住房这一说法估计是没有问题的。

既然如此，我要问读者一个非常简单的问题，大家愿意自己的房子价格下跌吗？我相信大多数读者都不愿意，中国是很讲究少数服从多数的国家，既然多数人都不愿意房价下跌，房价怎么会跌？

有读者可能会问，可以要求政府帮忙压抑房价，促使房价大跌吗？我觉得，这种想法非常错误，想了也白想。政府怎么可能会为了少数人的要求，而去得罪大多数人呢？

买房不必非买市区房

第三个观念是，大家必须真正认识到，买房不一定都要买在市区。

很多读者认为，买房买在市区才能保值，甚至还可以多升值。正因为存在这样的观念，市区尤其是中心区的房价才一涨再涨。

实际上，这种认知并不一定正确。买市区的房子还是买郊区的房子，关键要看自己喜欢哪一种生活方式，而非取决于房子是否升值得快。而且，在这里我可以告诉读者，如果你不是已经五六十岁，那么买郊区的房子更划算。

香港有专家研究出一个"买房10+25公式"：买房前10年，要注重房子的增值功能，可以购买当前价格较低但长期有增值空间的郊区房子，为了赌10年后所买的房子价值翻倍；买房后25年，则要注重房子的保值功能，可以锁定价格比较稳定的市区房子，想卖的时候，至少不会让银行、买家低估了房子的价值，这样就可以在65岁以后"以房养老"了。

加息，房价未必降

第四个观念是，大家必须真正认识到，银行加息，房价并不一定会下跌。

随着美联储在2014年年底退出QE政策以及在未来可能加息的预期下，不少专家、媒体都在鼓吹如果美国加息，游资就会撤离中国，房价就会大跌。这些有关加息打击楼市的观念，已经被不少人视作金科玉律。

我不去猜测这些专家、媒体为何要散播这种论调，但我要告诉读者的是，美国加息，中国房价下跌这个观点是不正确的。

数据会说话。在过去20年，美国共加息三次，分别为1994年、1999年、2004年，但是美国的房价并没有跌，美国的房价从1994年开始一直涨到2006年，上涨时间高达13年，涨幅约110%，每年涨幅为8%左右。

美国加息，美国自己的房价并没有跌。而且，美国加息的那三个年头，就连实施联系汇率，跟随美国加息的香港，房价也不跌反升。因此，我不明白美国加息关中国房价什么事？美国加息可能会给中国民众带来心理影响，导致房价出现短暂波幅，但对中国房价的长期走势是不会造成太大影响的。

在这里，我也顺便更正大家的另外一个错误观念。事实上，政府加息是好事，而非坏事。政府为何要加息？因为经济增长不俗，市场资金充沛，乃至于可能带来通货膨胀，所以政府才会采取加息这个货币政策来遏抑。经济增长不俗难道不是好消息吗？同时，也只有经济好了，收入提高了，大家才愿意更多消费、投资，从而也推动房价进一步上涨。

总之，只要多数中国人的观念不改，房价是不会下跌的。而且，这种畸形高房价的现象或许比房地产市场出现泡沫更有危害，因为在房地产市场形成泡沫的过程中，有人赚钱，有人亏钱。但在中国畸形高房价的现象下，有房之人和无房之人都很焦灼，只有房地产开发商才是赢家，大家都输了。

不想输怎么办？我建议大家多听听《中国好声音》导师那英的歌，她有首叫《山不转水转》的歌是这样唱的："云不转哪水在转，水不转哪山也转，没有憋死的牛，只有愚死的汉……"只有等到多数读者都认识到"水不转，山会转"这个道理时，中国的房价才有可能下跌。

为什么房价大跌，穷人反而最受伤？

美国退出QE政策之后，民众其实应该祈求房价千万不要大跌，因为房价越跌，大家的日子就越不好过。

可以毫不夸张地说，房价暴跌和股市大跌、黄金价格大跌一样，让穷人不但没有半点受益，而且还很受伤。

高房价问题向来是中国民众关注的热点话题，不少民众都渴望房价大跌。部分专家、学者更认为房价暴跌三成或以上，才有助于民众买房。房价崩盘已成为未买房者渴望听到的"福音"。

但是，房价若真如不少人所愿出现暴跌，这非但不是"喜讯"，反而是"噩耗"。普通民众的资产将严重受损，经济也会受到冲击，最受益的反而是房地产开发商。

穷人未蒙其利，先受其害

房价大跌，民众的噩梦才开始。当股市大跌、黄金价格大跌，穷人们的春天是否就会来临呢？答案明显不是，穷人还是穷人。房价暴跌和股市大跌、黄金价格大跌一样，让穷人不但没有半点受益，而且还会很受伤。

表面上，房价大跌对未买房者有利，但实际上，至今仍未买房的民众，主要是由于资金有限。对于中国及许多国家而言，房地产业均为支柱产业，房价大幅下跌随之而来的必然是经济低迷，民众手头的各类投资品也会大幅受损，因此其资金只会更少。同时，房价即使大幅下调二三成，对多数未买房者而言仍然太贵，大家未必就有足够能力买房，成为楼价大跌的受惠者。

而且，房价大跌还会带来严重的失业问题。楼市早已绑架了经济增长和就业，楼市大跌将牵一发而动全身，不但会冲击与房地产业相连的约70个行业，还会一层层拖累金融、饮食、交通及零售等行业，导致行业生意受影响，并引发众多行业的失业潮。因此，如果房价大跌，还没有买房的民众是未蒙其利，先受其害。

对于已经买房的民众来说，房价大跌时他们就更受伤。众多已经买房的民众，命运早已跟房价捆绑在一起。很多民众通过向银行贷款买房，欠下银行满身债务；还有民众做生意钱不够，用房子向银行作抵押贷款；不少老年人更把房子出租作退休保障。对这些人来说，房子已经成为他们的主要财产，楼价大跌对有房者来说就是财产大幅缩水。

在笔者身处的香港，1997年曾爆发亚洲金融危机，导致房价大跌四成以上，香港民众财产严重缩水，有十多万家庭的房子还成了"负资产"（物业的市价低于原先用来购买物业的楼宇按揭）。破产、跳楼、烧炭自杀的事件无日无之，让人非常感叹。正所谓房价大跌口号叫尽，一旦崩盘来临，反而误了卿卿性命。

所以，美国退出QE政策之后，如果股市、房价大跌，民众会愿意见到香港的上述惨痛历史在内地重演吗？

房价崩盘引发严重危机

楼市的规律是买家"买涨不买跌"，大家普遍持有"宁买当头起，莫买当头跌"的态度。一旦房价下跌成为趋势，房价可能继续大幅往下调整，难以在跌幅二成、三成时就迅速"刹车"止跌，这无疑将引发恐慌，并带来严重后果。

2008年全球金融危机全面爆发时，美国房价大跌超过三成，造成骨牌效应，引发全球金融海啸；紧接着，欧元区成员国希腊的房价大跌四成，引爆了欧债危机。房价大跌往往会严重冲击经济，引发金融危机。而且，楼价大升不会丢官，楼价急跌才会丢官。相信没有哪国政府会看到房价崩盘而无动于衷，中国政府也是如此。

房地产业目前仍是中国经济发展的支柱产业。在推动新型城镇化、完善基础设施配套、带动固定资产投资、增加地方财政收入和拉动经济增长等方面均起到核心作用。房价崩盘无疑将破坏中国的经济发展结构，令地方政府财力捉襟见肘，容易引爆目前已经摇摇欲坠的地方债务危机。

房价大跌，开发商最得利

虽然房价大跌，普通民众、政府会很受伤，但房地产开发商却能得利。买房子和买股票有时候很相似，大家都希望"低买高卖"，不过，能做到这个高境界的反而大多是房地产开发商，普通民众往往是"高买低卖"。

开发商就像零售批发商，楼市好、房价高涨的时候，高价买地再高价卖楼赚钱；楼市不好、房价大跌的时候，买地成本和建房成本都会下跌，发展商又可以低价买地低价建房，然后等楼价上涨的时候再卖楼，其盈利并不受多少影响。通常情况下，开发商都更愿意在楼市低迷、房价大跌时，趁机购买便宜的土地作储备之用。

因此，房价大跌，即使开发商卖房一时收益受损，这也只是一个"满足延后"（Delay Gratification）的过程。开发商迟早会赚回高收益。所以，就算"打倒"高楼价，也不会"打倒"开发商。仅会有少数小型开发商因为资金流转不足出现问题，中型以上的开发商往往可以照旧赚钱。

房价缓慢跌一成最理想

当然，笔者并非在鼓吹房价应该无止境上涨，而是认为，在经济越发展、城镇化越扩大、民众生活水平越高的地区，房价趋于昂贵是难以避免的。这无论是在纽约、伦敦，还是在北京、上海、广州和香港，情况都大致一样。楼价高虽然有弊处，会带来民怨，但高房价已是城市化高度发展的必然产物，也是经济发展的必然产物，更是该地区充满活力的表现。正如非洲国家的房价虽然非常低，但大家未必就愿意过去买房。

对于民众而言，最理想的情况不是楼市崩盘，而是全国各地的平均房价可以缓慢下跌5%~10%，之后再不升又不跌地横行一段时间，以待民众收入持续增加，消化偏高的楼价，从而买得起房。与此同时，政府应建设更多的保障性住房、"双限房"，以解决低收入民众的住房难问题。

为什么说香港楼市不会崩盘，内地楼市也不会崩盘？

不少人认为，美国退出QE政策，资金也随之大量撤退，这将导致与国际金融市场接轨的香港房地产市场受到沉重打击，甚至会使其发生崩盘。更严重的是，不少人认为，楼市崩盘将从香港蔓延到内地。你相信这种论调吗？

在香港特区政府过去连续推出买家印花税（Buyer Stamp Duty，非永久居民要交相当于房价15%的税）、双倍印花税（Double Stamp Duty，任何人购买一套房以上要交双倍印花税）等"辣招"之下，香港楼市成交量低迷已超过一年。2014年初，长江实业、新鸿基等本地开发商突然齐齐调低售楼价格，降价幅度高达25%～40%。这场出乎意料的竞相减价引发了外界有关香港楼市即将大跌的猜测，甚至有人揣测，香港楼市崩盘将很可能祸及内地。

楼市崩盘是杞人忧天

虽然楼市崩盘之说听起来言之凿凿，但在我看来却只是耸人听闻，甚至可以说是杞人忧天。香港部分开发商突然大幅降价卖楼，其实有几个主要原因。

首先，开发商2013年的定价偏高，现在只是回归市价。

开发商大幅降价的确是事实，但并非事实的全部。所谓魔鬼藏在细节里（Devils in the details）。我们以2014年2月18日开售的新鸿基地产减价超过40%，以推售位于香港新界西部元朗区的住宅项目"尔峦"为例。新鸿基在2013年3月首推"尔峦"时，香港特区政府调控楼市的措施，如"双重印花税"，刚刚确定，仍未发挥出威力，规范一手房的销售条例也尚未生效，新鸿基在定价策略上延续了基于2012年楼价高峰期的定价策略，"尔峦"平均实用面积"呎价"（每平方英尺的价格，约为0.093平方米）高达1.71万元（港元，下同）。

不久，随着香港特区政府调控楼市的措施开始见效、规范一手楼销售条例生效，投资者购房需要缴付高额的税项，购房平均成本大幅上升，元朗区其他的一手楼盘如"尚悦""溱柏"和"溱林"等的定价很快作出调整，平均实用呎价仅定在7000～9000元，同区二手楼盘如"采叶庭""YOHO Midtown"等的平均实用呎价也都在8000～11 500元。

为了能让新的定价具有竞争力和吸引力，新鸿基2014年在推售"尔峦"156个剩余单位时，将平均实用呎价也定在贴近市价的8500元左右。由此可见，新鸿基地产的减价促销只是销售策略，与楼市崩盘无关。

另外，新鸿基地产本次降价促销措施除了补贴买家高达70%的税务开支外，还推出了买家印花税及双倍印花税的回赠税率措施。这显示出新鸿基地产除了希望吸引香港本地买家外，还希望吸引受印花税影响而离开香港楼市的内地买家。

其次，开发商要完成年度售楼目标。

在政府政策打击下，成交低迷，不少香港开发商的年度售楼目标都受到挑战。一方面，2013年销售拖了后腿，如新鸿基地产年度香港销售目标为190亿元，但2013年全年"天玺""珑门"等三个楼盘的销售额还不到100亿元，仅相当于销售目标的50%，所以2014年新鸿基地产必须急起直追，争取完成销售目标。长江实业也出现了类似的情况，其过去半年推售的两个楼盘项目的销售额只有25.1亿元，因此也需要降价促销，加快售楼速度，以追赶业绩目标。

另一方面，2014年会有更多的新楼盘推出，给楼市带来压力。2013年，由于一些大型地产项目工期延误或其他原因，导致全年房地产市场只有8300个一手房的供应量，比预期少了5200多个。这些项目将在2014年年中或年底完成，到时2014年度的一手房供应数量将增加至2万个左右。供应量增加容易导致房价下跌。这对开发商而言，能早卖房比晚卖房好，因此"求量不求价"是他们当前比较好的选择。

最后，开发商是未雨绸缪，追求"现金为王"。

虽然新任美联储主席耶伦（Janet Yellen）日前已经暗示加息之路仍远，但是随着美联储开始缩减QE规模，连续两次削减100亿美元买债的行动，市场资金已经逐步"班资回美"，从新兴市场、亚太地区撤离。香港金融管理局总裁陈德霖曾对此警告，2008年金融海啸后流入香港的逾千亿元有可能会撤走，到时会对资金流动性及利率造成压力。

陈德霖的言下之意是，港元与美元挂钩、实施联系汇率的香港，将可能早于美国提高利率，尤其是房贷按揭的利率的上升更可能早于加息。香港金融管理局及最大地产中介中原研究部的数据显示，2008年美国推出QE之后，大量国际资金流入香港，导致香港银行体系资金一度扩增至约3200亿元，令香港的按揭利率由当时的3.5%下调至2%左右。现在香港银行体系的资金量已经下降到1600亿元，如果国际资金持续流走，香港的按揭利率将回升至3%以上的水平。

香港利率一旦回调，将给香港楼市带来更大压力。一是利率上涨后，准买家由于担心房贷负担加重，将会降低入市意欲，导致买方市场减少；二是利率上升后，会导致开发商融资成本上升，开发商除了再也不能借"便宜钱"买地发展外，还可能出现套现压力。因此，拥有非常强大研究力量的香港开发商现在就要未雨绸缪，加快卖楼以回笼资金，以应付未来的挑战。

由上可见，香港地产商下调售楼价格，并非慌不择路的"大出血"，也不会令楼市崩盘，而是成交低迷中的促销策略。而且，从历史数据观察，香港楼市也远远没有到崩盘的地步。

一方面，香港楼市仍处于上升周期。香港楼市的上升周期一般为11年至13年，如果从2004年香港爆发非典后楼价开始上涨算起，香港楼市应该到2015年或2017年才算真正见顶。而且，虽然在香港特区政府的楼市调控政策之下，香港2013年楼市的成交量较高峰时期下跌30%左右，但代表二手住宅楼市走势的中原城市领先指数却显示，2013年全年香港的楼价仍然上升约3%，香港楼市暂未从上升周期转入下跌周期。

另一方面，香港楼价在历次下跌周期中，跌幅平均只在20%左右，极少遇见崩盘的情况，即便2008年美国次级债危机引发百年一遇的全球金融海啸，香港楼市也仅下跌了不到25%。20世纪80年代初，香港楼价因为香港主权回归的政治前途问题受到巨大冲击，最大跌幅只有32%。1997年亚洲金融危机楼价大跌66%中，则包括港元大幅贬值了40%的因素。因此，除非全球再次爆发比亚洲金融危机更严重的金融风暴，否则香港楼市出现崩盘的几率很小。

而且，据笔者了解，香港特区政府行政长官梁振英上任后，虽然由于楼价暴涨特区政府推出严厉的楼市调控措施，但房地产业仍是香港经济的重要支柱，特区政府并不想让楼市崩盘。他上任后七个月内，房价就暴涨了20%多。他推出政策的预期只是楼价慢慢恢复到他出任行政长官时的水平。港府官员也多次表示，如果确定楼市进入下跌周期，政府必将撤销楼市调控措施及其他有关的政策。

因此，纵使受提高利率导致买家入市步伐放缓、香港特区政府积极增加土地房屋供应等多个因素影响，香港2014年的楼价可能会下调5%～10%，但相对过去四年暴涨超过130%的情况而言，显然这仅仅属于健康调整，而不是外界所猜测的崩盘。而且，新加坡主权基金淡马锡、英资太古集团近期仍频频在香港投地，这也间接表明国际资金对香港楼市仍具信心。

楼市崩盘不会传入内地

有关楼市崩盘将从香港蔓延到内地的论调，笔者认为可能性更小。笔者甚至认为，中国内地楼价2014年仍有5%左右的小幅度增长。

外因方面，虽然美国缩减量化宽松政策，但由于经济复苏乏力，预计美国在2014年内仍难完全退出量化宽松政策，欧洲与日本为了继续推动经济增长，2014年仍然会继续大印钞票，推行量化宽松政策，导致全球市场的资金仍然充沛，游资将会继续涌入经济表现良好的中国楼市，推进楼价上涨。

内因方面，在过去10年间，虽然政府出台多项房地产调控政策，但房价依然上涨。这显示政府过度使用行政力量干预楼价的办法较难奏效。此外，房地产业关联约70个其他产业，已成为经济发展不可或缺的产业，若政府继续打压房地产业会冲击经济表现。因此，预计2014年中央政府不会再推行全国范围内的房地产调控政策，这将有助于内地楼价的稳定。

而且，随着经济的快速增长，中国民众的消费结构正在从以衣食为主向以住行为主升级，民众的利益要求已从单纯的收入增长，渐渐向收入增长和私人财富的累积并重转变，而买房正是民众储藏财富的主要方式。这也将支撑中国的房价上涨。

此外，受惠于新型城镇化的推进，加上2014年广义货币供应量同比增幅达13%～14%，以及中国经济2014年增长率为7.5%左右，这些因素都将推动着中国楼价稳步上涨。

科网股泡沫即将破裂了吗？

不少市场人士分析说，美国退出QE政策会引发科网股泡沫爆破。这个观点是错误的。美联储2014年退出QE之后，由于担心货币政策突然从紧会冲击美国经济、就业和资本市场，为了避免带来负面影响，美联储未来几年都会继续推行宽松的货币政策。

因此，在市场资金充裕的情况下，科网股价还会持续高涨。

科技网络股（以下简称科网股）在2014年出现不少震荡，令科网股泡沫是否快要爆破的话题又成为了各方热议的焦点。

由于众多中国互联网公司已在或即将在美国上市，如果泡沫破裂，中国的企业也难以独善其身。因此，中国企业、民众比以往任何时期都要关注科网股的问题。

科网股泡沫爆破现凶兆

科网股泡沫即将爆破，是"狼来了"，还是反映了真实市况呢？在这里我必须告诉读者，科网股泡沫会爆破的理由是非常充分的，让人不得不重视。

理由之一，上市公司的盈利情况很糟糕。历史往往会有惊人的相似之处。在2000年科网股爆破前夕，美国约80%新挂牌上市的科技公司没有盈利。当前，新上市公司中没有利润的比例高达74%，与2000年的比率相差不远。

对此，美国佛罗里达大学教授兼IPO专家杰·里特尔（Jay Ritter）认为，当前科网股的最大问题是盈利基础薄弱，如推特（Twitter）创办至今仍未有钱赚。美国纽约大学行为金融学副教授伊恩·德索萨（Ian D'Souza）更指出，现在多数科网公司的业绩欠佳，已经具有2000年科网股泡沫的影子。

理由之二，市场已经狂热。越来越多创业年龄短浅的科技公司涌入资本市场，科网公司上市热潮已经出现。某著名金融数据提供商提供的数据显示，2014年1月至5月，全球331宗IPO总募资额高达658亿美元，创下2010年来同期最大，也逼近2000年科网股泡沫的水平。

投资者更需要警惕的是，部分科网股的市盈率已达到荒谬的地步，其本身的利润不能支持现有估值水平。如，美国Netflix（奈飞）公司的市盈率为156倍，亚马逊的市盈率甚至高达483倍。

面对市场的这种狂热，全球规模最大的对冲基金之一包普斯特公司（Baupost Group）的创始人塞思·卡拉曼（Seth Klarman）早已警告，这些公司的股价高涨看上去更像是基于投机，而非投资。科技类企业已经出现泡沫化倾向。

理由之三，科网股泡沫已经形成。提出这个观点的是著名的对冲基金经理埃因霍恩（David Einhorn）。作为美国对冲基金绿光资本（Greenlight Capital）的创办人，他因在2008年大举做空美国第四大投行雷曼兄弟而名震华尔街乃至全球金融市场。

埃因霍恩认为，市场已经出现的背离传统股价评估方法、卖空者因投资损失被迫平仓、一些科网股上市首日股价暴涨这三个迹象，都显示科网股泡沫已经形成。他指出，如果应用传统的估值法衡量，一些股票可能至少有90%的下跌空间。要请读者注意的是，埃因霍恩并非是光说不练，他自己已经卖出了一批科网股。

股民理智，科网股泡沫难破？

虽然一些专家认为"科网股泡沫重演"惹来了众多股民的恐慌，但是，另一知名的投资者、被誉为"股神"的巴菲特，则提出了相反的看法。

巴菲特认为，这次的科网股热潮相比2000年似乎理智得多，而且，与2000年的科网公司大多业务内容空洞、没有盈利、完全靠点击率来衡量估值的情况相比，现在的科网公司已今非昔比。所以，他不认为科网股出现了如2000年时的泡沫。

也有不少分析人士指出，由于现在的科网股热潮未如2000年般狂热，而且吃一堑长一智，股民已经比当年更理智了，科网股也稳健得多，因此，科网股仍在初中期阶段，谈不上有泡沫。

我相信，当听到埃因霍恩、巴菲特两位投资界知名人物南辕北辙的观点后，读者大概会觉得两个人说的都有道理，不知道该相信谁。

按我说，这两位的话，读者都不应尽信。这是由于今时不同往日了，读者们尤其不要忽略了美国退出QE政策这个重要因素。

与上面两位的看法不同，我认为，整体的科网股泡沫不会在两三年内破裂，但极个别不赚钱的科网公司，泡沫破裂的时间可能会早一些。而且，这次科网股泡沫破裂的后果将比2000年更严重。

为什么我要这样说呢？其实我在前文已经简单地解释了部分原因，接下来，我再详细说明一下这些原因。

退出QE政策不意味着加息

读者只要翻开2000年科网股泡沫由催生到破裂的历史，就可以发现，当时科网股泡沫之所以破裂，一大刺激因素是美联储先松后紧的货币政策。

这一次，也是在美国推出QE政策，造成货币泛滥后，引发科网股价上涨，随后美联储将在2014年年底退出QE政策。这引发不少人担忧，美国的货币政策其后会否从紧，导致科网股泡沫破裂的历史重演？

这里我要告诉读者的是，这种担忧是过虑了。为什么这样说？这是因为美联储在2014年退出QE之后，由于担心货币政策突然从紧会冲击美国经济、就业和资本市场，为了避免带来负面影响，美联储未来几年还会继续推行宽松的货币政策。

我们看到，美联储退出QE导致其资产负债表规模已从2007年的约8000亿美元膨胀至目前的4.5万亿美元，但美联储主席耶伦近日却表示，如果希望美联储能将资产负债表规模缩减至危机前水平，这个过程恐怕需要5~8年的时间。

这里要请读者回答我一个非常简单的问题：既然耶伦这句话已经充分说明了"皇帝"不急推从紧的货币政策，那么，"太监"有必要着急吗？

至于美国加息的时间，我在2014年初已在不少文章里反复谈到，如果没有发生特别大的意外，例如美国的通货膨胀没有突然高涨到4%或者以上，我认为直到耶伦退休前，美国都不大可能由目前的0~0.25%的超低利率，加息至4%的长期平均水平。

当时不少读者认为我的论调比较激进，但没有想到，现年60岁的美联储前主席伯南克在2014年5月中旬指出，在他有生之年，将不会见到美国的利率重返大于4%的水平。由此看来，相比伯南克的论调，我的看法已经算是偏保守的了。

中美经济向好支撑股价

有资金，有憧憬，科网股价还会继续高升。

所谓有资金，除了是指美联储仍会继续维持宽松的货币政策外，还有就是随着美联储退出QE政策，过去从美国流出去的钱都会呼啸着回美国家乡。并且，欧洲、日本也仍然继续着大印钞票的政策。

这些钱涌往美国之后，是不会躺在银行账户上睡大觉的，而是会转向美国股市、楼市和汇市等资本市场兴风作浪，追逐利润，多数科网股价到时会在大量资金的刺激下继续上涨。

所谓有憧憬，是指虽然美国2014年首季经济出现负增长，但市场认为数据差与恶劣天气、存货增幅放缓有关，市场仍然相信，由于个人消费开支上升、劳动市场表现好转和基本经济情况正在改善，美国未来数季的经济会有较佳增长。

再加上作为世界第二大经济体的中国，2014年5月官方制造业PMI指数改善，显示中国经济已呈现谷底回升的向好趋势。市场对美国、中国两国经济的憧憬，对科网股价有正面刺激作用。

从这方面而言，2014年在美国上市或者即将到美国上市的中国科网公司，所挑的时机还是比较恰当的，因为不但此轮科网股高潮还没有结束，且在有资金、有憧憬的刺激下，下一轮更高的高潮即将来临，中国的科网公司无疑将获利。

享盛宴，莫使金樽空对月

在这里我也必须提醒读者，如果科网股的股价越涨越高，泡沫就会越来越大，到时破裂的危害程度也将比2000年要高。

而且，小部分浑水摸鱼的、长期未能赚钱的、属于美国业内所说的"Outrageous Rip-off"（坑人不眨眼）的科网公司泡沫，可能会在短期内提前破裂。

当然，要预测具体是哪些科网股在短期内会爆破，准确率是不高的。如华尔街上最知名的计量金融大师艾曼纽·德尔曼（Emanuel Derman），在他的著作《一个计量金融大师在华尔街：从物理学家到高盛董事的波澜人生》（*My Life as a Quant: Reflections on Physics and Finance*）中所言："研究物理时，你是在与上帝交手，她不会随便改变游戏规则，就算你将了她一军，她也只有认输；而在金融领域，你是与上帝的创造物交手，他们对资产的看法摇摆不定，因为不知道何时会亏钱，所以只有不停尝试。"

如果你觉得德尔曼这句话很"玄"，那么另一位物理学家、大家耳熟能详的牛顿的话就简单易懂了。作为"南海泡沫事件"（South Sea Bubble）的受害者之一，牛顿曾感叹道："我能算准天体的运行，却无法预测人类的疯狂。"

我们必须知道，世上没有不散的筵席，科网股泡沫总会有爆破的一天。但在破灭来临前，投机人士还是可以在少则一年半载多则三五年的时间内，大肆享受科网股泡沫所带来的盛宴，这正如李白所说的那样："人生得意须尽欢，莫使金樽空对月。"

炒股赚钱要避开四大误区

美国退出QE政策之后，如何炒股才能赚钱呢？

读者必须清楚的是，炒股亏钱是由于你不懂得炒股，在炒股时犯下非常严重的错误，而且是极其幼稚的错误，所以你亏钱了。

读者要想炒股赚钱，就必须躲开四大炒股误区。

我发现一个非常有趣的现象，很多人不懂得炒股，一旦炒股亏钱了，又喜欢开骂，要么骂政府，要么骂上市公司，要么骂娘，甚至干脆三者一起骂。

其实大家完全搞错了，炒股亏钱最该骂的是你自己。为什么我要这样说？因为有个残酷的现实要告诉读者，由于你不懂得炒股，在炒股时犯下非常严重的错误，而且是极其幼稚的错误，所以你亏钱了。

买低价股容易亏钱

不少股民喜欢买那些股价长期在1元、2元、5元或者10元以下的股票，且对此有个很大的错觉，以为股价现在低以后能涨得更快，同时还觉得持有很多手股票似乎更好。

但我要告诉读者的是，这种想法是极其错误的，众多每股股价长期在5元以下尤其是1元左右的股票，其公司要么过去经营比较糟糕，已经被机构投资者抛弃，要么最近出现了一些普通民众所不知道的问题，导致机构投资者看见了都要躲避三分。这种股票，你觉得会有前途吗？

读者必须明白，买股票和去商场买东西是一样的，所谓一分钱一分货，怎么可能用很低的价格买到很好的商品呢？

不愿赌服输，只会错上加错

股民还有更糟糕的买股票方式，那就是在股票下跌过程中，不是选择愿赌服输，而是加注买入股票。

当股票出现下跌，例如下跌到10%左右时，大部分读者还会选择继续持有，一厢情愿地相信股价未来会上涨。更有部分读者还会继续加注买入该股票。例如你以20元的价格买入一只股票，然后在10元的价位上加仓，你的平均成本是15元。虽然你的初衷是希望摊低成本，但你想过没有，你确定所买的股票100%会重新上涨吗？如果不确定，你再买入，岂不是在错误和亏损的基础上继续错误和亏损？这种错上加错的投资行为，只会给你带来更大的损失，正确的做法是止损离场，愿赌服输。

太相信个人感觉，会亏钱

大部分股民不敢购买价格创新高的股票，觉得价钱太高了，担心会下跌。例如，香港有个科网股的股价在100港元的时候，很多股民觉得价格太高了，不敢买；涨到200港元的时候，也不敢买，部分股民更在此时，觉得股价很难升上去，因此卖掉。现在该科网股的股价已超过500港元，没有买的或者提前卖掉的股民十分后悔。

我在这里想告诉读者的是，除非你天生是炒股奇才，对股价波动有异于常人的本领，或者非常了解市场，否则，你的个人感觉、个人意见是远远没有市场本身那么准确的。

这种炒股方式的最大错误就是，股民在炒股时总抱有各种期望，有各种偏好，没有留意市场的脉搏，没有倾听市场的意见，因此总是被自己的希望和个人意见所左右。

不知道何时买入或卖出是最有害的

大部分股民不知道何时做出买入或卖出的决定。我要告诉读者，这种炒股方式是最有害的，如果你用自己的钱炒股都犹豫不决，没有预定的投资计划，自己也不确定自己到底在做什么、想什么的话，时机是不等人的，你错过了就会白白浪费掉机会。

美国增长型投资大师奥尼尔（William J. O' Neil）曾把股民所犯的错误称为"业务错误"。他认为，由于股民太过急功近利，因此疏忽了基本的买股票准备工作，也没有耐心去学习基本的方法和技巧，只是希望找到不用研究思考就可以快速赚钱的简便方法。这种想法，无疑是希望天上可以掉下馅饼，是不可取的。

炒股赚钱要善总结

其实上述那些错误是可以避免的，炒股票赚钱，还是要回避低级错误，同时要总结规律；否则，亏死都不知道怎么回事。

说实话，在总结规律方面，美国人确实比中国人聪明。例如，美国的大学教授曾研究一万个股东大会的召开地点，发现召开地点离总部越远，公司的业绩通常就越差，其后半年内公司的股价往往表现不大好。

为什么要跑这么远开股东会呢？美国的大学教授总结称，主要是由于上市公司的管理层手上有关于公司的不利资讯，不希望股东、媒体打探和审视，因此跑远些召开股东会，希望以此避过质询。所以，如果读者发现一些上市公司，突然不同寻常地跑到偏远地区召开股东会，就要小心这家公司的股价了。

此外，有两名美国麻省理工大学金融系的教授，在《金融杂志》（*Journal of Finance*）上发表了一项研究报告，原来上市公司的年报长度如果突然变长，可以预示股价其后的波幅。

这个研究发现，如果上市公司某年的年报突然比往年变得更长、更厚，就有可能是为了粉饰盈利，重新修订业务分类，以及把过去的账目重新列账等。这不但会令投资者难以消化相关内容，也会增加股票分析员参透其账目的难度，因此会对该公司的股票作出更分歧的预测。这意味着股价未来波动更大。

总之，股市从来地雷处处，读者只有不犯低级错误，懂得总结规律，才不会误踩地雷。炒股，只有首先不亏钱，之后才能赚钱。

为什么华尔街最恨的人是"中国大妈"？

虽然美联储在2014年年底退出QE政策，但美联储资产负债表上债券和其他资产的持有规模，已经由2008年金融海啸全面爆发前的仅8000亿美元暴增至2014年7月的4万多亿美元，创历史新高。美国的货币环境未来几年仍会非常宽松，在资金泛滥之下，美元自然容易贬值，金价上涨的几率比较大。

更重要的是，"中国大妈"们大量购买黄金，也将是金价稳步上涨的重要因素。

要列数美国华尔街最恨的人，相信"中国大妈"是排得上号的。

读者大概很好奇，华尔街为什么要恨"中国大妈"，两者之间似乎没有什么直接关系？可能大家不大知道，华尔街投行大鳄高盛、花旗、摩根大通和摩根士丹利，经常从美联储租黄金出来到市场炒卖，每年大概400～500吨左右。他们把租来的黄金在市场上发售，推低黄金价格，然后再买回来还给美联储，从中赚取差价。

但"中国大妈"完全不懂这个"游戏规则"。她们看到金价下跌，就把黄金买回去做成金首饰戴在脖子上、手上，或者直接把黄金藏在床底下，不再拿来交易。这导致华尔街大鳄们想买黄金也买不回来，只能对着"中国大妈"干着急。

要知道，目前全球黄金总存量不到18万吨，当中只有20%是拿出来交易的，"中国大妈"们把黄金藏在床底下，只会令黄金交易量越来越少，华尔街能不急吗？

更让华尔街目瞪口呆的是，最大的"中国大妈"竟然是中国人民银行。在2013年美联储提出要逐渐退出QE政策的阴霾下，黄金价格下跌了约27%，出现了32年来最大年度跌幅。有统计显示中国人民银行2013年大举进口超过一千吨黄金，占全球购买量的近1/3。

黄金只是草不是宝？

中国人民银行购买黄金更是"只进不出"，这不但让华尔街惊讶，更让美国政府非常警惕。

为什么美国政府要警惕其他国家大量购买黄金呢？在这里我要告诉读者，因为美国希望他国都把黄金当"草"，而不是当"宝"。黄金价格下跌比上涨更符合美国的利益。

可能读者会觉得这种说法很奇怪，毕竟，美国拥有世界最大的黄金储备量（超过8100吨），他为何希望自己持有的黄金资产价格下跌呢？这不是很反常吗？实际上，你知道黄金和美元之间鲜为人知的关系后，就不会觉得反常了。

美国自从1971年主导布雷顿森林体系崩溃之后，金本位消失，美元不再与黄金挂钩，也就是说美国可以任意印美元，而不必看自己有多少黄金，而其他国家在国际交易上还必须也只能选择使用美元。

即使各国因此不满，美国也以一句"美元是我们的货币，但却是你们的问题"来回应了事。由于美国拥有11个航空母舰战斗群，加上还有个华尔街团队，在军事、金融力量上，世界难有匹敌者，世界各国对于美国的霸道，暂时还真的没有特别的办法。

自美元在国际货币体系拥有霸权地位之后，美国这四十多年来不但获得铸币税收入，能比较容易地应对国际收支平衡外，更得到美国企业对外支付没有汇率变动风险、美国金融机构盈利空间更大等好处。

美国为了继续攫取上述好处，自然希望黄金价格下跌，甚至希望金价跌到如同烂铜一般，让各国将黄金弃如旧履，金本位再也不被人提起。只有如此，国际货币体系才能一直由美元主导。

而且，美国还留有后招，只要世界各国不大举增持黄金，美国就仍然是持有最多黄金的国家，加上，美国黄金占外汇储备的百分比为71.7%，俄罗斯仅为8.3%，中国只有可怜的1.2%。

因此，即使以后美元的霸权难以维持，国际货币体系回归金本位，当各国的货币再次与黄金挂钩时，美国的货币仍然可以占据强大优势。

看到这，相信读者们已经明白了美国政府希望黄金价格越低越好的原因。

不过，这只是美国的美好愿望，黄金价格未来很大可能不会听美国政府的，而是听市场的。我预料金价还会持续上涨，未来两三年很可能达到2000美元/盎司（1盎司=28.3495克）以上。

为什么我要这样说呢？读者看看下面的原因就知道了。

QE退场，金价还会涨

美元贬值再加上美国经济不好，会令金价上涨。

我们先来了解一下黄金与美元的关系。目前国际金价是以美元计价的，美元升值时，购买黄金的成本会增加；而美元贬值时，购买黄金的成本则会降低。也就是说，美元与金价呈现负相关走势，美元贬值，金价上涨；美元升值，金价下跌。

因此，美联储自推出QE政策之后，美元因为货币供给量大幅增加出现贬值，金价出现上涨。

随着美联储在2014年初开始退出QE政策，尤其是2014年年底将完全退出QE政策，不少专家、学者预料美国减少印钞票后，美元很有可能走强，金价由此会出现下跌。

但是，在这里我要告诉读者，这种预测很可能是在误导大家。因为，虽然美联储在2014年年底退出QE政策，但美联储资产负债表规模已由2008年金融海啸全面爆发前的仅8000亿美元暴增至2014年7月的4万多亿美元。美联储主席耶伦对此公开表示，美联储如果希望将资产负债表缩减至危机前水平，这个过程恐怕需要5~8年的时间。

耶伦的言下之意就是，美国的货币环境未来几年仍会非常非常宽松，在资金泛滥之下，美元自然容易贬值，金价上涨的几率比较大。

此外，绝大多数专家都认同，金价下跌主要有两大因素。一是美国经济强劲，投资者离开黄金市场转往投资股市、房市，推动金价下行。在这里可以教读者一个判断美国经济是趋弱还是向好的办法，那就是观察美国30年期的国债收益率与5年期的国债收益率之间的利率差。如果美国经济向好，两者的利差就会变小。通常只有美国经济开始步入衰退，或者美联储启动QE政策，两者的利差才会超过200个基点。

目前，美联储不但已经启动退出QE政策程序，而且在2014年年底退出QE政策，但是30年期国债收益率与5年期国债收益率的利差在2014年曾一度超过218点，利差水平创美国史上最大，当前也在200个基点左右徘徊。这显示市场对美国的长期经济依然非常缺乏信心，而这种心态只会继续推动金价上涨。

实际上，2014年以来，虽然美联储启动退出QE政策程序，但金价依然出现升幅，这已经预期了金价中短期向上的走势了。

二是地缘政治局势不再趋于紧张。世界和平，投资者就不会转往投资黄金避险，金价自然也就下降了。但是，请读者告诉我，世界未来会很和平吗？

欧洲将助推黄金价格上涨

很多读者认为美国与欧洲是同一个鼻孔出气的，但事实上，欧美在很多层面上是很有分歧的，黄金价格就是其中之一。

2014年5月，欧元区18国央行、欧洲央行、瑞士央行和瑞典央行共同协议，21家央行在未来5年内不会大举抛售黄金，并强调，黄金仍是全球货币储备的重要部分。这已经是欧洲各国央行第四度对黄金交易立下协议了。

欧洲央行为什么要这样做呢？一是在欧债危机还未完全结束之下，欧洲经济仍然摇摇欲坠，尤其是在市场对欧元信心下跌的情况下，欧洲更需要黄金作为最后的救命符。

二是在1999年欧元推出前夕，欧洲各国央行为了减少欧元面世后可能出现的外汇风险，曾大量出售黄金，导致国际金价大跌。此后，欧洲各央行订立协议，减少出售黄金，重申黄金在全球货币体制中的重要性。

该协议的出台，对黄金价格有正面的支持作用，起码会让投资人对黄金的信心增强，也曾一度带动金价创下1920.94美元/盎司的史上最高价格。因此，欧洲各国央行第四度对黄金交易立下协议，相信能继续支撑黄金价格上涨。

中国发展好，金价高

中国对黄金的需求大增，也将推动黄金价格上涨。

中国对黄金需求增加的原因有三个方面。

第一，随着中国的中产阶级的增加，黄金的消费量也增加了。中国人的传统观念是，无论是结婚还是生子，都喜欢送黄金首饰。近日有媒体报道称，广东中山市出现了一场非常豪华的婚礼，婚礼上，新娘全身穿戴了70个黄金手镯，重达几十斤，被一些网友戏称为"中山黄金新娘子"。

虽然中国目前是仅次于印度的全球第二大黄金消费国，但中国每年的人均黄金消费量只有4.5克，远低于全球平均水平24克。随着中国经济稳步发展，有数据显示，中国未来的中产阶级数量将高达5亿人，远超美国目前的3亿多人口。中产阶级人数增多，消费能力增强，意味着对黄金需求的增加。

第二，中国要多购买黄金，以对冲美元资产贬值的风险。中国拥有数万亿美元资产，光是外汇储备就有约4万亿美元。如果美元贬值或者美国出现高通货膨胀，那么大量购买与美元呈现负相关走势的黄金，是保值中国持有的美元资产的较佳选择。

第三，人民币要国际化，中国需要购买更多黄金。无论是美元，还是英镑，在成为国际主要货币时，其国家黄金储备都占到世界的50%以上。欧元在创设时，黄金储备曾超过1万吨，超过美国的黄金储备。

因此，人民币要国际化，也同样要具有普遍接受性和价值稳定性。说白了就是人民币的"含金量"是多少，中国是否有足够的黄金储备作基础。

人民币国际化已成为中国的国策，中国要想人民币国际化顺利完成，大量购买黄金已经在所难免。世界黄金协会报告则估算，截至2013年中国黄金储备为1054吨，排名全球第六，如果以后人民币要成为与美元、欧元鼎立的国际货币，那中国的黄金储备应该达到美国或欧元区的水平，也就是中国需要拥有8000吨到10000吨的黄金储备。中国对黄金的巨大需求，也会推高黄金价格。

金价会涨到9000美元吗

看好黄金价格的不只有我，还有国际金融大鳄索罗斯。曾将黄金称作"终极资产泡沫"的他，最近已经回心转意，重返黄金市场。

　　著名畅销书《货币战争》的作者、拥有30年华尔街工作经验的投资人詹姆斯·里卡兹（James Rickards），更是看好黄金，声称黄金价格在3~5年里会上涨到7000~9000美元每盎司。

　　所以，虽然"中国大妈"在2013年的"淘金"，成为了"摸顶"式亏损的案例，让不少人笑话。但这不一定是悲剧，未来很有可能会成为喜剧。

　　至于什么时候才是购买黄金的好时机，国际商品投资大师罗杰斯已经告诉大家了，简单而言就是一般交易（Position Trade）或者重大事件交易（Event Trade）。所谓一般交易，就是如果金价跌破1000美元/盎司，可考虑买进；所谓重大事件交易，则是如果美国和他国爆发战争，即使金价升到1600美元/盎司，也可买进。

　　总之，无论经济好坏，黄金都有行情。在经济发展时期，通货膨胀率将上升，购买黄金可以令资产保值、升值；经济出现衰退时，或者国际局势出现动荡时，黄金更将是投资者最理想的避风港。

后　记

这是我在内地出版的第二本财经类书籍。第一本书讲述的是2012年新一届中央领导人上台后，读者该如何理解、认识中国的经济新政策。而在最新出版的这本书里，我将重点向大家介绍美联储退出QE后，对中国及世界市场所带来的影响。并且，我将尽力为大家解读、分析充满混乱、误导、暧昧的金融市场信息，尝试让大家看到财经领域的种种真相。

坦白而言，我接触国际金融市场的时间大大长于接触中国经济的时间。本人自幼在香港这个国际金融中心成长，随后在财经领域工作，比很多人更贴近和了解全球金融市场。而且，目前我在智库、金融协会的研究方向也主要集中于国际金融领域。

因此，我希望凭借多年来自己对全球金融市场的认知、理解和分析，让大家感受一个不一样的"外面的世界"。

当然，由于我才识有限，分析也受到个人的立场、利益左右，因此

本书存在的各种不足之处，还请读者见谅。

在本书的写作、出版过程中，除了出版社编辑为了本书辛勤工作外，还有非常多工作上及私人的亲朋好友给予我支持和鼓励，在此予以诚挚的感谢（排名不分先后）：广东省三丰鞋业有限公司董事长卜秋平先生，著名资深财经媒体人罗昌平先生，著名资深策划人廖洪武先生，中国传媒发展基金执行主席周文水先生，社源传媒董事兼副总经理童光来先生，北京国舜律师事务所主任律师林小建先生，东莞日报社社长曾平治先生，广州万科房地产有限公司总经理办公室高级经理杨大正先生，搜狐网总编辑助理杨章怀先生，南网传媒公司网络媒体中心主任谭启峰先生，盘古智库秘书长谭本平先生，中国广核集团媒体关系经理钟良先生，著名资深媒体人马立明博士，新浪财经副主编王元平小姐，中央电视台中文国际频道新闻部制片人潘春蓉女士，中央电视台新加坡站首席记者邓雪梅女士，中央电视台财经频道国际事务组策划李莹雪小姐，深圳卫视《正午30分》栏目制片人王云霞女士，《财经》杂志法经刊主编丁补之先生，网易新媒体中心总监龙志先生，著名财经作家、《证券市场周刊》编委李德林先生，著名专栏作家、腾讯网自媒体产品平台《大家》主编贾葭先生，著名作家叶蓝小姐，互动百科主编王琪先生，《财经》新媒体主编欧阳洪亮先生，《中华工商时报》新媒体总编黄利明先生，网易新媒体中心主编王銮锋先生，天涯社区副主编金波先生，《中国企业报》财富专刊副主编张燕蕊小姐，搜狐网移动门户中心高级编辑朱文强先生，百度新闻高级产品运营师许诺女士，百度新闻高级产品运营师赵彦小姐，新华网社交网络中心编辑何莉女士，四川日报报业集团资深记者郑齐小姐，台湾《联合报》资深财经记者陈致齋先生，资深财经媒体人涂劲军先生，海通国际证券集团投资者关系及企业传讯助理董事司敏之女士，华润万佳公关总监陈勇先生，香港皓天财经集团媒体关系总监刘璇女士等。

梁海明

2014年9月于香港

如对本书有任何意见，欢迎电邮至archie0706@hotmail.com，或在微博@梁海明。

图书在版编目(CIP)数据

你不知道的财经真相:美国退出 QE 之后的世界/ 梁海明著.—成都:西
南财经大学出版社,2014.10
ISBN 978-7-5504-1589-8

Ⅰ.①你⋯ Ⅱ.①梁⋯ Ⅲ.①世界经济—研究 Ⅳ.①F11

中国版本图书馆 CIP 数据核字(2014)第 213260 号

你不知道的财经真相:美国退出 QE 之后的世界
NI BUZHIDAO DE CAIJING ZHENXIANG:MEIGUO TUICHU QE ZHIHOU DE SHIJIE
梁海明 著

责任编辑:王 艳
助理编辑:唐一丹 周晓琬
特约编辑:朱 莹
责任印制:封俊川

出版发行	西南财经大学出版社(四川省成都市光华村街 55 号)
网 址	http://www.bookcj.com
电子邮件	bookcj@foxmail.com
邮政编码	610074
电 话	028-87353785 87352368
印 刷	北京合众协力印刷有限公司
成品尺寸	165mm×230mm
印 张	15.75
字 数	185 千字
版 次	2014 年 10 月第 1 版
印 次	2014 年 10 月第 1 次印刷
书 号	ISBN 978-7-5504-1589-8
定 价	36.00 元